徐世澤著

乾坤叢書②

思邈詩草

朐陽方子丹署耑

國家圖書館出版品預行編目資料

思邈詩草 / 徐世澤著. -- 初版. -- 臺北市: 文史哲, 民 92
面； 公分. --（乾坤叢書 ; 2）
ISBN 957-549-494-6 (平裝)

851.486 92001226

乾坤叢書 ②

思邈詩草

著　　者：徐世澤
出版者：文史哲出版社
http://www.lapen.com.tw
登記證字號：行政院新聞局版臺業字五三三七號
發行人：彭正雄
發行所：文史哲出版社
印刷者：文史哲出版社
臺北市羅斯福路一段七十二巷四號
郵政劃撥帳號：一六一八〇一七五
電話 886-2-23511028・傳真 886-2-23965656

實價新臺幣三二〇元

中華民國九十二(2003)年元月初版

ISBN 957-549-494-6

徐著《思邈詩草》序

往者，宋山陰陸游，陟險三巴，著劍南詩稿。明江陰徐宏祖，遊蹤萬里，作徐霞客遊記。清康有為流亡海外，歸來製小印一方，文曰：「維新百日，出亡十六年，三周大地，遊遍四洲，經三十一國，行六十萬里」，以記其壯舉。余友徐世澤仁弟，不讓前賢，足跡遍及世界六十一國，歸著《擁抱地球》大作，一時享譽中外。作家無名氏（卜寧）曾為其作序。

頃又將其旅遊時，即景行吟之《翡翠詩帖》見示，並囑推敲刪正，再益以近作，另刊一集，乞為命名，且告余渠之耽詩，既非附庸風雅，更非奢求時譽，其旨在於以詩保健，以詩美化身心，俾可延年益壽，請本此意為之弁言。

籀誦既竟，甚佩清新，其製作仍沿用近體五七言絕句，五七言律。造句悉用現代語，既不泥古，亦合今宜。大抵有類於唐之白居易，宋之范成大、楊萬里，清之袁枚，民初之黃遵憲。鑄詞明白了當，立意機趣橫生，言歡則令人神蕩，寫怨則感人落涕，傳神不僅舒暢，且足神馳，凡此皆作品之精譬者也。因其為醫師，作品中多有關於保健之作，乃借唐代神醫孫思邈之名，以名其集曰：《思邈詩草》以歸之，謹序。

朐陽**方子丹**於臺北棄井盦　時年九十有三

附贈三絕句

一、遊蹤萬里徐霞客，陟險三巴陸放翁，
若比抱球徐世澤，小巫焉與大巫同。

二、呂伊良相能醫國，盧扁同垂濟世名，
知否當年孫總埋，出身也是一醫生。

三、欲知何術能驅病，吟詠成爲不二方，
倘許小紅伴低唱，壺中日月百年長。

中華民國九十一（二〇〇二）年八月吉日

記醫界一位奇人（代序）

無名氏（卜寧）

與徐世澤兄相交數載，近得一結論：他實在是當前社會不可多得的奇人。世上有各種奇人，有種是奇怪的人，可算怪人。像五四時代名詩人怪詩人徐玉諾即是。他從河南開封送客遠行，本應在車站作別，他卻送客到徐州，後來又續送，過濟南、天津，直送客到北京。他又忘了客人地址。送客畢，他身無旅費，在北京流落了快一年，才由同鄉送旅費回開封。說他是怪人，名正言順。但世上有些奇人並不怪，卻是可加唄讚的奇，世澤兄應屬茲類。

他的第一奇，是前幾年某大報副刊提倡「全民寫詩」。此一運動本是一大好事，但好事多磨，熱鬧了一陣子，不久也就煙消雲散。未料他竟堅持到底，近幾年來，他稱得上「全民寫詩」運動的孤臣孽子，鍥而不舍。他是一位醫師，不只是醫師中的唯一長期支持此一運動者，即在千萬大眾中，他也是唯一熱心此一運動者，此一事跡可算奇。他的第二奇是：他認為寫詩可以陶情養性，培養高尚生命境界。不管詩寫得好壞，喜寫，其人的人生境界即與營營眾生相異。他這種想法，以寫詩不斷開拓人生境界，千萬人中亦罕見，自是一奇。他的第三奇是：他從花甲之齡，才專注寫詩，而且近年已超古稀，他竟拜一位九十三歲名教授兼名古典詩人為師，求道取經，希望詩藝能稍上層樓。這種皓首孜孜矻矻求學精神，也算一奇。他的第四奇是：高齡退休後，不似一般退休人員，打牌下棋，公園喝茶，群居聊天，或吃喝玩樂，或以電視等娛樂消遣，卻隱居在詩花園中，這種雅人雅事，在萬千退休人員中，亦難得一見，亦算一奇。他的第五奇是：他從花甲高齡退休後，竟精強力壯，環遊全球六十一國，並撰寫《擁抱地球》一書，詳述其旅遊，廣播電台甚重視此書曾採訪他。而他幾乎扮演了當代徐霞客。他曾在阿根廷世界第一大瀑布「魔鬼咽喉」景點邊緣散步，又獲奇遇，竟在挪威見到北極午夜太陽奇景（此景常人極不易遇到）。更奇的是，他旅遊這許多國家，從無時差之憂。他一上飛機，坐著能鼾睡幾小時。這些全屬奇人奇事。

此外還有二奇，是有關他的人品的。他本是一個中型醫院院長，因成績出色，被調任亞洲最大醫院榮總，膺首席秘書。他任職多年，從未與同仁有任何忤觸，可說群眾關係之好，百口交讚。當今社會，在五、六千人大機構中，與人本不易處，他卻把所有同事當作好友，實屬難得。

我每次赴榮總取藥，只見老一點工作人員會向他點頭問好，即可知其受人尊重。最後一奇，是他樂於助人，喜雪中送炭。凡友人有所託，他無不全力以赴，不負所託。因而醫界文界他的友人如雲，大家樂於與他相交，這也是一奇。

上面我所說皆屬世澤兄的清流人品，現在我想略說他的新詩作《思邈詩草》。此集有九三高齡的名教授名詩人方子丹先生作序。序文分析此集詩篇優點甚詳且精，我不想續貂，只能讚序文內涵至深。足證子丹先生乃詩界名家，評析每中窾要。

世澤兄屢言，他的詩不欲求名，亦不奢望大成，旨在提高人生境界，既賞美又保健，樂即在其中矣。

我非常敬佩不少臺灣現代詩名家，其詩藝「苟日新、又日新」，足垂千古。但根據他們過去所辦的「星期五詩會」，欣賞者不過數十人。一本名家詩集，所售多不過三、四千冊（個別如席慕容是例外），在二千萬臺灣人口中，其詩眾仍算「小眾」。但自從前文所提有副刊倡「全民寫詩」運動後，臺灣應多出現一些「大眾詩人」。世澤兄詩集銷售雖有限，但其詩藝頗有可能形成「大眾詩人」的傾向。

清朝王漁洋詩屬風神派，尊王維，譏白居易的詩不是詩，甚至對杜甫也有貶詞，這是偏見太深。不管怎樣，白詩「老嫗都能解」，他卻是中唐讀者最多的名詩人。我殷盼世澤兄能走白居易之路。記得前幾年，有些詩人呈詩給輔大一位外國教授Dr.Zsoldos（他又是神父），希望他能譯成番文。他看完後，說：「你們這些詩我看不懂，但徐先生的詩我能懂，我願意譯。」於是把徐詩譯成英文、法文、德文、西班牙文，甚至匈牙利文。當然，這些詩也內藏詩藝、詩趣。最近，Dr.Zsoldos又譯他的新詩作為英文、法文，可見詩應易懂，也很重要。

我近患病，住醫院十日方歸。醫囑須靜養，暫停寫作，但世澤兄的新著，我不能不說幾句話。若干復健極慢，今仍精力不濟，不能一一細論徐詩。總的印象是：他的近作古典詩，是百尺竿頭，又進一步。若借古人常語，這些詩首首能「登大雅之堂」。臺灣寫古典詩者不多，世澤兄現應稱個中「作手」了。

我甚喜此集的一些風景詩，多能傳風景之神。其餘詩篇，我完全同意子丹先生高見：「立意機趣橫生，言歡則令人神蕩，寫怨則感人落涕。……」我相信，世澤兄如此浸淫古典詩篇，求精求美，再過數年，必有更大成就，為臺灣古典詩人群增一位大眾化的名詩人。

二〇〇二年八月

人文記遊詩人徐世澤先生及其詩

——爲《思邈詩草》集作序

邱燮友

一、《詩經》《楚辭》啓開田園、山水文學的序幕

中國一向愛好自然的民族，也是喜愛詩歌的族群，從周代《詩經》的民歌到戰國時代楚國屈原（三四三—二七七B．C）都把自己的遭遇和感想，融和在自然山水中，以達情景交融的境界。就如《詩經》中歌唱田獵情歌〈野有死麕〉，歌詠行役征戰的〈擊鼓其鏜〉，歌頌新婚、新娘子的〈關雎〉、〈桃夭〉，行吟相思的〈江有汜〉、〈蒹葭〉，詩人將所思、所想、所感、所願、所欲、所為，寫在詩歌中，傳誦民間。其中如〈豳風〉的〈七月〉，寫農耕的歡樂，〈周南〉中的〈采采芣苡〉，〈遵彼汝墳，伐其條枚〉，〈魏風〉中的〈十畝之間〉等，寫農家女子的採桑、拔蒲、採擷野菜，反映農家與自然和諧相處，發展永續經營的田園生活。

一般探討我國山水詩或田園詩，以為田園詩起於東晉陶淵明（三六

五—四二七）的〈田園雜興〉或〈歸園田居〉等詩，而山水詩以為起源於南朝宋謝靈運（三八五—四三三）的永嘉諸篇。其實在《詩經》和《楚辭》中，已有山水、田園的詩篇，在《楚辭》中的〈九歌〉，便有〈山鬼〉和〈河伯〉的辭賦，辭賦也是詩歌屈原把〈山鬼〉和〈河伯〉的描繪用擬人格的手法，顯示山水的情意，成為浪漫的神話山水文學。這些文章的靈感，得自於長江三峽巫山神女峰和河伯娶妻的啓示，其後宋玉的〈高唐賦〉，曹植的〈洛神賦〉，開拓了神話山水文學的新天地。

二、六朝陶謝詩，唐王柳的山水文學，均是極品

東晉陶淵明罷官後，躬耕南畝，以耕讀為其終生的志趣，寫下一百多篇的田園詩，其中「靜念園林好，人間良可辭」；「少無適俗韻，性本愛丘山」；「採菊東籬下，悠然見南山」等，均是膾炙人口的佳句。南朝宋謝靈運任永嘉太守，愛好登山攬勝，他在詩中描摹下永嘉山水的絕勝，今傳世的詩篇，約一百首，如「池塘生春草，園柳變鳴禽」；「野曠沙岸淨，天高秋月明」等，寫景清新，令人愛賞，成為摹山狀水的山水文學，是其特色。

唐人王維（七〇一—七六一）與柳宗元（七七三—八一九）在山水文學上的開展，進入寫意的山水文學。王維將禪意含蘊在山水中，擴大

了詩歌的內涵，如「水閒桂花落，夜靜春山空」；「行到水窮處，坐看雲起時」，使詩中充滿寧靜、智慧和生機，比起摹山狀水的寫實詩，步上寫意的山水詩，又是一番新天地。柳宗元的〈永州諸記〉，借西山諸景點的怪特，以山水自比，托諷朝廷棄置賢才於野的痛心，世人僅讚歎永州山水的奇異，而忽略柳宗元被貶永州的心境，是沒有窺測柳氏山水文學的真意，他是借山水來抒憤，與一般移情於山水，心境不同。

從陶謝的田園、山水詩，到王維、柳宗元的山水文學在田園、山水文學的領域中，帶來新的局面，這些都是文學園地裡的極品。

三、宋以來，山水文學的新面貌

前人在文學領域中的墾拓，都會給後人繼往開來的一些啟示。此後，南宋陸游〈一一二五—一二一〇〉的〈入蜀記〉，《劍南詩稿》，有出色的記遊之作。甚至意大利遊行家馬可波羅（Marco Polo，一二五四—一三二四），在元代受忽必烈的寵信，留中國工作十七年，曾遊歷各地，回國後在獄中口述，被書成《馬可波羅遊記》，使西方人嚮往東方，促使新航線的開闢，是遊記文學意想不到的成就。明代徐宏祖（一五八六—一六四一），號霞客，少時博覽輿書地誌，有壯遊之志，自二十二歲起，歷三十餘年，足跡遍十六省，曾至偏遠的西南地區，將他遊歷所到的山川形貌，宮室古蹟，都詳加記述，著成《徐霞客遊記》，名盛一時。

其次，清末黃遵憲（一八四八—一九〇五）的詩，值得一提，他曾任駐日、英使館參贊，以及舊金山、新加坡總領事等職，後任湖南按察使。因參加戊戌政變，罷歸。平日倡導詩界革命，主張「我手寫我口，古豈能拘牽」，詩歌用語通俗，口語入詩，他將所到之處，寫入詩中，開創了形式多變化的詩歌，著有《人境廬詩草》傳世。

四、徐世澤筆下啓開人文山水詩的天地

人之相與，以詩會友，容易拉近彼此心靈的距離。我與徐世澤先生相識，從《乾坤詩社》的活動開始。而進一步成為知交，是今年六月一日到三日，在新加坡聚會，參加第八屆全球漢詩大會。由於這次的會議，得緣結識徐世澤先生，相談之下，才知道他是國防醫學院畢業的，是位醫師，也是一位詩人，從事醫務和醫療工作已數十年。他和我早年在大陸讀高中時的學長，如章士忠、翁華民、王若藩、尹可賢、林百匯等名醫是前後期的同學，由於這層關係，彼此更拉近距離。然而我一直在大學中文界從事教育工作，我和徐先生數天的聚首，由於愛好相同，得知他從少年時代便與詩結緣，於是我和他一見如故，成為知己。

徐世澤先生在《擁抱地球》一書中，展現他對文藝和攝影的才華。

他先後遊覽過五十八個國家的名景勝地，用流利的散文將所見所聞所感加以描述，並附照片寫真，可謂圖文並茂的人文山水文學。比起前人的馬可波羅、徐霞客等遊記，都難以跟他媲美。

最近，徐世澤先生又將遊覽世界各地所寫的古典詩共三百首，以絕句和律詩為主，分「旅遊吟」、「溫柔吟」、「保健吟」、「社教行」四大類，名之為《思邈詩草》。讀他的詩，很容易感受到它和我國歷代的山水詩接軌，淵源於傳統詩的精神，以寫實、寫意的山水詩融和，並開展以現代詞語入篇，展現現代人以人文入詩的山水詩，將環球數十國的景觀入篇，並具有環保、養生的概念，是現代人文山水詩的特色。今列舉二三首為證：

北極看極光（加）

繁星點點耀隆冬，午夜寒光展極容。
白馬市郊山頂上，悠悠綠帶幻游龍。

註：白馬市隸屬加拿大育空地區，冬季午夜看極光，是其吸引觀光客花招。

又如：

布達拉宮（西藏）

布達拉宮貌岸然，紅宮後建白宮先。

試看藏族新陳設，屋脊明珠接近天。

第十九屆世界詩人大會（墨西哥）

墨西哥國結吟緣，世界詩賢共串聯。
一代騷風看蔚起，兩洲令譽喜留傳。
宏揚詩教垂千載，美化人生享百年。
冠蓋如雲齊朗誦，縱橫筆陣耀青天。

用現代口語入詩，與黃遵憲的「我手寫我口」相呼應，足跡所到，心蹤所及，遍及全球，筆亦隨之，比起前人行蹤，超越數十倍，此當拜現代交通工具之賜。然徐先生以醫師詩人的眼光看世界，又是一番環保、養生的心得。近人以現代人文山水文學著筆，是新山水文學的新途徑，猶如余秋雨的《文化苦旅》，便是個例子，但他的足跡僅止於中國，而徐世澤的足跡已踏遍全球，足見他的詩，他的文，不但有本土觀、地域觀，更具現代觀、國際觀。由於徐世澤先生的新著詩集將問世，我願為他撰文舉薦，是為序。

二〇〇二年八月二十日於臺北
國立臺灣師範大學國文系所研究室

思邈詩草　目　次

徐著思邈詩草序　方子丹　1
記醫界一位奇人（代序）　無名氏（卜寧）　3
人文記遊詩人徐世澤先生及其詩——為《思邈詩草》集作序　邱燮友　9

【五言絕句】

〈旅遊吟〉

卡普利島藍洞（義）　25
橋歸路（荷蘭）　25
在冰河上乘摩托車（冰島）　26
峽灣雜感（挪威）　26
愛琴海灘（希臘）　26
庫沙達西市觀落日（土耳其）　27
印度洋上觀日出（南非）　27
夜宴德班東方餐廳（南非）　28
赴阿拉斯加途中（美北）　28
美國皇宮（夏威夷）　28
南極夜光雲（阿根廷）　29
火地島氣候（阿根廷）　29
觀賞嘉年華會（巴西）　29
菲立普島觀企鵝晚歸（澳大利亞）　30
人妖秀（泰國）　30
虎山溫泉浴（苗栗）　30

〈溫柔吟〉

眞　情　32
傳　情　32

單　戀　32
舊情復燃　33
偷　情　33
示　好　33
玉　手　34
留　香　34
送　別　34
無　奈　35

〈保健吟〉

垂老吟　36
探友病　36
孕前預防　36
空中轉診夜景　37

〈社教行〉

塞　車　38
校友會餐　38
詩的沒落　38
寫詩樂　39
漢詩長存　39

〔七言絕句〕

〈旅遊吟〉

午夜太陽（挪威）　40
冰　河（阿拉斯加、阿根廷、冰島）　41
滑雪表演（挪威）　41
峽　灣（挪威）　42
羅恩湖夜遊（挪威）　42
莫斯科紅場（俄）　43
參觀猶太集中營（波蘭）　43
花園城市布拉格（捷克）　43
鐘乳石洞（南斯拉夫）　44
巴那頓湖（匈牙利）　45
遊多瑙河（匈牙利、斯洛伐克）　45
白金漢宮（英）　45

羅浮宮三寶（法） 46
巴黎女郎（法） 46
黛安娜車禍喪生（英、法） 46
鐵力士山（瑞士） 47
盧森湖（瑞士） 47
阿姆斯特丹國家博物館（荷蘭） 47
萊因河（德） 48
熊布朗皇宮（奧地利） 48
龐貝古城（義） 48
威尼斯水都（義） 49
威尼斯泛舟（義） 49
鬥牛士自嘆（西班牙） 49
雅典賞月（希臘） 50
奧林匹克體育場（希臘） 50
西薩洛尼奇市（希臘） 50
棉堡石棺（土耳其） 41
跨洲大橋（土耳其） 51
階梯金字塔（埃及） 52
埃及古跡（埃及） 52
克魯格野生動物園即事（南非） 52
密歇根湖（美國） 53
紐澤西州楓紅（美東） 53
美國白宮（美東） 54
華盛頓賞月（美東） 54
紐約世貿大廈驚爆（美東） 54
美人驚魂（美東） 55
劫後紐約（美東） 55
倖免於難（美東） 55
美軍進攻阿富汗（美） 56
杜桑喜雨（美西） 56
仙人掌（美西） 55
舊金山金門大橋（美西） 57
暢遊環球影城（美西） 57
訪旅美友人感賦（美西） 57

迪士尼樂園（美西） 58
夏威夷草裙舞（夏威夷） 58
太空針塔（美西） 58
班夫國家公園（加） 59
路易絲湖（加） 59
湖濱公園（加） 59
北極看極光（加） 60
尼加拉大瀑布（美加） 60
墨西哥市（墨西哥） 60
阿卡波爾科素描（墨西哥） 61
墨西哥遇故知（墨） 61
世界詩人大會會場即景（墨西哥） 61
印加帝國馬丘比丘廢墟（秘魯） 62
遊亞馬遜河（秘魯） 62
里約熱內盧耶穌像（巴西） 62
伊瓜蘇大瀑布（巴西、阿根廷） 63
吐絲螢（紐西蘭） 63
遊泰姬瑪哈陵有感（印度） 64
神牛逛街（印度） 64
波卡拉費娃湖（尼泊爾） 65
多巴湖月夜（印尼） 65
新加坡市容（新加坡） 65
聖淘沙（新加坡） 66
檳　城（馬來西亞） 66
吉隆坡國家博物館所見（馬來西亞） 67
馬六甲之中國山（馬來西亞） 67
菲　傭（亞太地區） 67
感性之旅（泰國） 68
環遊世界有感 68
越洋探親（歐美） 68
遊耶路撒冷未遂（以色列） 69
大地陸沉（南極） 69
上海遇故知（上海） 69
外灘夜景（上海） 70

秋瑾像（杭州） 70
三潭印月（杭州） 70
拙政園（蘇州） 71
燕子磯（南京） 71
黃鶴樓（武漢） 71
岳麓書院（長沙） 72
登八達嶺（北京） 72
玉印山（四川） 73
頌貴峰詩村（福建） 73
樂山大佛（四川） 74
籠 民（香港） 74
布達拉宮（西藏） 74
頌慈濟醫師（花蓮） 75
澄清湖曲橋釣月（高雄） 75
北關龜山島（宜蘭） 76
宜蘭海岸（宜蘭） 76
登山賦詩（臺北） 77
天母國際街（臺北） 77
淡江晚眺（臺北） 77

〈溫柔吟〉

寫情書 78
一段情 78
感物傷情 78
相思病 79
薄 情 79
重 逢 79
驚 艷 80
校 花 80
殉 情 80
情竇初開 81
愛情長跑 81
風韻猶存 81
喜 訊 82
賢內助 82

花　香 82
心理治療 83
遇　雨 83
遲　到 83
禁　足 84
來　電 84
痴　情 84
性騷擾 85
唇　印 85
項　鍊 85
探　子 86
鑽石婚 86
包二奶 86
「人間四月天」觀後吟 87
一、徐志摩 87
二、張幼儀 87
三、林徽音 87
四、陸小曼 87

〈保健吟〉

照　鏡 88
長　壽 88
生與死 88
痛不欲生 89
亂求醫 89
風濕病人 89
健康食法 90
延年粥 90
養　心 90
四　老 91
老　淚 91
人生四不朽 91
勉退休者 92
防　病 92
老　病 92

自 謔 93
白頭偕「惱」 93
醉 翁 93
落 齒 94
老 眼 94
愁 腸 94
右側半身不遂 95
讀《隨園食單》感賦 95
偶 感 95
加護病房 96
七三述懷 96
悼沈力揚醫師 96
陽明公墓 97
寫詩健腦 97
土風舞 98
學到老 98

〈社教行〉

颱 風 99
日月潭震災 99
土石流 99
洪水嘆 100
八掌溪事件 100
海浪拍岸 100
淡海觀落日 101
日月爭輝 101
月 食 101
七 夕 102
缺水迎颱 102
合歡山降雪 102
春 興 103
事 變 103
幻 覺 103

七七盧溝橋 104
重 九 104
奧運勝利 105
選 舉 105
無名英雄 105
父親節感懷 106
傷 時 106
書 憤 106
心有戚戚 107
光碟哀歌 107
閒 趣 107
二〇〇二年願景 108
歲暮悲鳴 108
元旦雜感 109
徐秤莊 109
野 墓 109
回鄉探親 110
新 居 110
天母廣場 110
過陶宅 110
乘淡新捷運有感 111
酬庸封官 111
網咖對抗書店 112
股票市場 112
老無所養 112
檳榔西施 113
華航空難 113
傷 時（集陸放翁句） 113
新年偶感 114
地球日有感 114

盜賊橫行 114
人瑞遇害 115
空 屋 115
佳節懷鄉 115
夜 讀 116
犬 性 116
蘭與竹 116
觀石濤畫有感 117
商品文學 117
身分證號碼 117
謝方子丹教授贈巨著《九十歲以後古近體詩三百首》 118
頌方師子丹松鶴遐齡 118
頌志工 118
課孫有方 119
兩性政治 119
冥 想 119
出國旅遊 120
過時人 120
追 影 120
酒 舞 121
宏揚詩教 121
輓劉菲 121
痛苦出詩人 122
詩人悲歌 122
詩詞身後事 122
詩 心 123
論 詩 123
讀《乾坤》古典詩有感 124
《思邈詩草》問世感懷 124

〔五言律詩〕

〈旅遊吟〉

阿姆斯特丹中秋（荷蘭） 125
冰島印象（冰島） 125
象山水月度中秋（桂林） 126
茶　餐（花蓮） 126
基隆港（臺灣） 127

〈溫柔吟〉

榮總荷池 128
思　母 128

〈保健吟〉

環境污染 129
老病抱憾 129

〈社教行〉

檳榔西施 130
戒狂購 130
望月懷恩師 131
詩人節感賦 131

〔七言律詩〕

〈旅遊吟〉

出席漢城第十七屆世界詩人大會（韓） 133
世界詩人在斯洛伐克作家協會林園晚宴感賦（斯洛伐克） 133
第十九屆世界詩人大會（墨西哥） 134
登高望遠（紐約） 135

〈溫柔吟〉

春　遊 136
款款深情 136
交際舞 137

〈保健吟〉

養生吟 138
祝羅光瑞公八秩壽慶 138
賀岳母大人百年大慶 139
老年學詩 139

〈社教行〉

電 話 140
颱 風 140
地 震 141
光碟風波 141
華航空難 141
棄井庵品茗 142
歡迎世界詩人蒞臨臺北 142
喜賦春人詩社五十年大慶 143
參加世界詩人大會感賦 143
《乾坤詩選》出版有感 144
跋 145

【附錄】

一、傳統中的現代詩質——讀徐世澤著《思邈詩草》有感 麥穗 149
二、詩朗誦與保健 154
三、賀世澤先生《思邈詩草》出版 宋哲生 156
四、華岡教授方子丹師序文手稿 157
五、《思邈詩草》體別和類別統計表 158
英法文序 224 1
英法文譯詩目錄 220 5
英法文譯詩 218～200 7—25

詩旨

殘年何事為詩忙？
山色湖光引我狂。
旨在養生添幾歲，
心怡興雅伴斜陽。

徐世澤 二○○二、十、五、

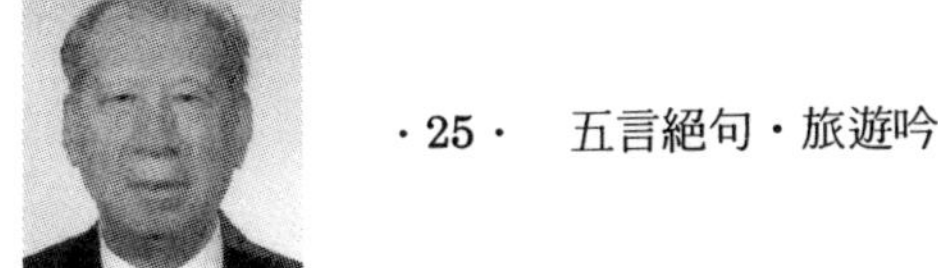

〔五言絕句〕

〈旅遊吟〉

卡普利島藍洞（義）

卡普利藍洞，日光折射濃；
小船穿孔過，妙在不言中。

（一九九五）

橋歸路（荷蘭）

荷蘭有活路，升起讓船行。
過客飛車至，板橋忽現形。

（一九九五）

註：荷蘭河多堤岸低，板橋可定時升起讓船行，放下是一完整的馬路。余旅荷兩次，在阿姆斯特丹停留六天，也只見過一次。

在冰河上乘摩托車（冰島）

冰河摩托過，雪水兩邊流；
大地茫茫白，難忘在北歐。
註：一九九七年六月三十日遊冰島。
（一九九七）

峽灣雜感（挪威）

桃源何處覓？肯定在挪威。
寧靜峽灣裏，遊人樂不歸。
（一九九七）

愛琴海灘（希臘）

夏至愛琴海，遊人泳海邊；
嘩嘩波起伏，遙望水連天。
（二〇〇〇）

庫沙達西市觀落日（土耳其）

海濱觀落日，水色起紅波；
飽啖一餐後，帳單千萬多。

（二〇〇〇）

註：Kusadasi庫沙達西喬治大飯店在愛琴海東岸，平台上設餐桌，旅客進晚餐，觀落日、水波、聽濤聲，一餐下來，每人須化費土耳其一千萬里拉（相當臺幣五百元）。

印度洋上觀日出（南非）

朝霞伴曉月，彩幻映雲端；
洋上升紅日，光環屬大觀。

（一九九六）

註：一九九六年十二月十一日在南非德班假日大飯店十六樓一六一三房間所見（當天是我國農曆十一月一日）

夜宴德班東方餐廳（南非）

彩燈新壁飾，畫扇故鄉情；
美酒溫馨感，難忘斐國行。

（一九九六）

註：一九九六年十二月十六日於南非德班，時為耶誕節前夕，在東方餐廳夜宴的場景。

赴阿拉斯加途中（美北）

飛至三更夜，時鐘倒退回。
時差夢醒後，似覺又重來！

（一九九七）

註：因換日線的關係，八月二十九日下午五時由臺北起飛，抵阿拉斯加，時鐘是二十九日上午七時。再飛紐約，下機時是二十九日下午九時。

美國皇宮（夏威夷）

美國有皇宮，令人墮霧中。

歐胡島內覓，格局小而同。

註：皇宮在歐胡島（檀香山）內。

（一九九六）

南極夜光雲（阿根廷）

無日又無月，夜空見白雲；
南方光耀眼，勝過夕陽曛。

（一九九七）

註：一九九七年二月十四日八時，在火地島南方天空見一大片白色夜光雲。

火地島氣候（阿根廷）

三天前大雪，今日太陽紅；
忽又飄微雨，寒風澈骨中。

（一九九七）

註：火地島氣候瞬息萬變，非身歷其境者，無法體會。

觀賞嘉年華會（巴西）

歌舞昇平夜，狂歡萬里來。
花燈車不斷，睡眼閉重開。（一九九七）

註：在巴西里約熱內盧觀賞嘉年華會，下午五時半帶便當進場，一直到深夜三時始返旅社。

菲立普島觀企鵝晚歸（澳大利亞）

碧海怒濤飛，企鵝別暮暉；
春雷轟雨岸，壯羽箭般歸。（一九九五）

人妖秀（泰國）

滿室美人胎，歌聲舞影來。
多因喉結在，不必費疑猜。（一九九四）

虎山溫泉浴（苗栗）

·31· 五言絕句·旅遊吟

虎山不見虎，卻有虎跑泉；
潤滑清新甚，常來百病痊。

（一九九二）

註：虎山溫泉是一碳酸泉，在苗栗縣泰安鄉境內。

〈溫柔吟〉

眞情

笑裡低聲語，相看無限情；
甜言猶在耳，豈敢負卿卿！

（一九九〇）

傳情

芳心原欲訴，見面卻無言；
柳眼傳深意，難忘一笑溫。

（一九九〇）

單戀

年華空度過，花燭了無期；
整日徒長嘆，傳情欲倩誰？

其二

和風吹翠葉，閒坐荷池傍；
不負相思意，防成夢一場。

（一九九〇）

舊情復燃

切記當年事，深情永不移；
殷勤頻致意，妙在無人知。

（一九九〇）

偷情

法律明文定，有夫不動心，
俊男頻表態，少婦落紅衾。

（一九八八）

示好

與君相敘罷，情竇豁然開，

揮手含深意，盼君明日來。

（一九八八）

玉手

執手無言語，纖纖玉指柔，
滾圓觸皓腕，不禁示含羞。

（一九九二）

留香

夜深人欲去，聚散苦匆匆，
汗手遺香漬，偷聞味更濃。

（一九九二）

送別

今宵歡送別，何日喜重逢？
電話須勤打，聞聲想笑容。

（一九九三）

註：「勤」與情諧音。

無奈

良人鴻鵠志，難耐守空幃；
願作尋常鳥，天天比翼飛。

（一九九三）

〈保健吟〉

垂老吟

早知人必死，來日剩無多；
定靜除焦慮，吟詩鬥病魔。

（一九九〇）

探友病

日前探友病，往事互通情；
忽問余尊姓？令余吃一驚！

（一九九一）

孕前預防

孕前先預防，產後喜洋洋；

麻疹疫苗種，麟兒樂健康。

（二〇〇二）

註：預防麻疹感染所產先天性缺陷兒，在希望懷孕前三個月（含以上），便須接種德國麻疹或麻疹、腮腺炎混合疫苗，眞是爲母不易。

空中轉診夜景

轟轟驚我醒，窗外見行星；

樓頂三燈引，蜻蜓送病人。

（一九八九）

〈社教行〉

塞車

咫尺天涯遠，塞車四小時；
午餐成泡影，糕果暫充飢。

（一九九〇）

校友會餐

今宵校友會，同學勝家人；
充滿溫馨感，交談笑語頻。

（一九九〇）

詩的沒落

唐詩余所好，拙作少知音；
不是洋花樣，今人故不吟。

（一九九一）

寫詩樂

終日閒無事，安居意自然；
不因塵俗慮，執筆寫詩篇。

其二

無颱無地震，閱讀好時光；
信筆揮毫樂，烹詞煮字忙。

（二〇〇二）

漢詩長存

三千年歷史，價值合時宜；
遇有華人處，多能誦漢詩。

（二〇〇二）

〔七言絕句〕

〈旅遊吟〉

午夜太陽（挪威）

太陽午夜在天空，北角光芒耀眼紅；
永晝奇觀山雪美，遊人已不畏寒風。

其　二

草木不生野意新，雲霞映雪淨無塵；
岬高風暴添寒氣，永晝紅暉北角濱。

其　三

太陽不落海平面，登上地球最北端；
永晝天光書可讀，孤高岬角濕風寒。

（一九九七）

註：一九九七年六月二十七日及二十八日在挪威北角親見午夜的太陽，全天二十四小時均見到太陽。

冰　河（阿拉斯加、阿根廷、冰島）

藍天綠水雪峰間，北極海洋兩日閒；
冰島冰山冰褶疊，此間景色艷人寰。

其　二

冰河起降直升機，黑白墨藍色色奇；
側耳傾聽聲格格，原來是向海洋移。

其　三

刀山劍戟滿洋浮，一道霓虹動客舟；
崩裂瞬間天地撼，教人無復賞心遊。

（一九九七）

註：余曾於一九九五年九月、一九九七年二月及七月暢遊三地冰河。

滑雪表演（挪威）

高聳雲霄滑雪台，遙看朵朵小花開；
俊男俏女飛騰下，宛若群仙天上來！

（一九九七）

註：滑雪者多爲二十歲左右男女，著顏色不同的裝備。

峽　灣（挪威）

雪峰翠谷映清流，山色湖光傲北歐；
兩岸懸崖千丈瀑，幽奇峻美不勝收。

其二

眼前水盡無航道，山下依然有路通；
奇石斷崖皆美景，飛鷗倒影映晴空。

（一九九七）

羅恩湖夜遊（挪威）

一葉扁舟兩隻鷗，三人垂釣渡船頭；
雪峰十座翠湖繞，樂得陽光伴夜遊。

（一九九七）

註：一九九七年六月十九日夜十時，在挪威羅恩（Loen）湖畔夜遊所作。是時陽光仍在照耀著。

莫斯科紅場（俄）

聖地紅場已變相，列寧陵寢展時裝；
宮牆附近名牌店，馬克思前廣告張。
（一九九七）

註：莫斯科紅場在克里姆林宮東側，原是聖地，供遊客謁列寧陵寢。目前已變成商場。馬克思像前對面大做資本主義色彩的廣告。

參觀猶太集中營（波蘭）

納粹恨猶手辣狂，奧營設計費周章。
潔身灌毒焚屍體，終致希魔自取亡。
（一九九八）

註：奧營全名是奧斯威辛集中營，在波蘭境內，第二次世界大戰德軍毒殺四十五萬猶太人的場地。

花園城市布拉格（捷克）

布拉格城美絕倫，千年建築古猶新。
綠林紅瓦如花藝，查理士橋雕塑真。
（一九九八）

註：捷克首都布拉格爲歐洲最美的花園城市，尤以建築著稱。查理士橋上的雕塑屬高級藝術品，橋上可見四處綠樹紅瓦如花似錦，令人賞心悅目。

鐘乳石洞（南斯拉夫）

蜿蜒入洞通幽處，鬼斧神工景象奇。
舞影琴聲多幻化，似人似物任君疑。
（一九九五）

註：一九九五年八月二日在原屬南斯拉夫的斯拉夫列加，參觀Pastojnska Jama鐘乳石洞所見。

巴那頓湖（匈牙利）

鐵漢來遊鐵哈尼，巴湖風景世間稀。
帆船成隊如詩畫，更有金墩映夕暉。
（一九九四）

註：鐵哈尼是巴那頓湖（是歐洲最大之湖）上之半島，風景優美。

遊多瑙河（匈牙利、斯洛伐克）

多瑙名河舉世知，泱泱河水浴靈犀。
今朝來此非遊樂，只為粼粼滿載詩。

其二

風光綺麗水興波，橋上行車倏忽過。
古堡雄姿知有意，當年勝敵賴斯河。

其三

寰宇詩人共一舟，同餐同飲話從頭。
名河暢覽心情悅，四海之家今日酬。

註：匈牙利首都與斯洛伐克首都均有多瑙河遊船。也可以夜遊。

（一九九八）

白金漢宮（英）

禁衛輪班美譽馳，萬人爭看古雄姿；
威風凜凜軍容壯，皇室尊嚴尚保持。

（一九九五）

羅浮宮三寶（法）

麗莎微笑雙睛轉，維納斯姑露淑容；
勝利女神飄衣裾，珍奇盡在羅浮宮。

註：麗莎指蒙娜麗莎。

（一九九五）

巴黎女郎（法）

自由氣質綺羅身，麗質天生韻味純；
魅力風情多放任，笑談飛眼更迷人。

（一九九五）

黛安娜車禍喪生（英、法）

黛妃國色入皇家，天賜良緣世所誇。
怎奈郎心鬧暗戀，遂教絕代死於車。

（一九九七）

註：英國太子妃黛安娜鬧婚變，於一九九七年八月三十日午夜，在巴黎車禍喪生。

鐵力士山（瑞士）

鐵嶺翠峰上一遭，重重柳絮積山腰。
滑場冰洞天池水，放眼叢林似幼苗。

（一九九五）

盧森湖（瑞士）

盧森湖水平如鏡，畫舫揚帆盡興遊。
草綠山明飛薄霧，恍如西子在歐洲。

（一九九五）

註：西子指中國西湖，宋詩有「若把西湖比西子」句。

阿姆斯特丹國家博物館（荷蘭）

琳琅滿目觀名畫，人物表情妙入神。
一室高懸難靠近，佩他彩筆幻為真。

（一九九四）

萊因河（德）

萊因兩岸好風光，巴爾尼山景色良；
古堡千年三五座，當年對壘莫能忘。

（一九九五）

熊布朗皇宮（奧地利）

奧皇喜愛中華物，名畫旁陳景德瓷。
更有餐廳升降桌，重金禮聘漢廚師。

（一九九五）

註：皇宮內設有「中國餐室」及「中國畫室」各一間，分別在鏡廳兩旁。二〇〇〇年重遊時，其陳設略有變動。

龐貝古城（義）

龐貝古城建築奇，瓦房壁畫具良規；
浴池鉛管花園美，密室春宮更足迷。

（一九九五）

註：龐貝古城係於西元七十九年時，遭維蘇威火山所掩埋，深信龐貝城於西元前即興建。

威尼斯水都（義）

船行出巷起歌聲，拆地掀天險象生；
風動樓斜危欲墜，惡潮洶湧噬都城！

（一九九五）

威尼斯泛舟（義）

一片汪洋百島浮，水都賞景泛輕舟。
歌聲悅耳和聲雜，笑傲人生樂此遊。

（一九九五）

鬥牛士自嘆（西班牙）

人獸相仇殺戮場，黃沙染血近痴狂。
鬥牛譁眾終須老，何必兇殘勝虎狼。

（一九九五）

雅典賞月（希臘）

雅典天空乾且淨，今宵月色更清明。
倚欄賞景難成寐，那怪詩人戀此城。

註：二〇〇〇年八月十三日（我國農曆七月十四日）余下塌雅典喬治大飯店，午夜賞月。

（二〇〇〇）

奧林匹克體育場（希臘）

奧林匹克競奔馳，雅典倡行天下知。
一百年來名耀世，應加碑紀示新姿。

（二〇〇〇）

註：體育場內列有四座石碑，記載歷屆舉辦之時間與地點，以及歷屆委員會主席芳名。

西薩洛尼奇市（希臘）

碉堡高高海岸長，紅圓屋瓦石城牆；

東羅帝國多遺跡，正教堂前賞燭光。（二〇〇〇）

註：Thessaloniki市在希臘北部，沿愛琴海建城。希臘人入東正教堂點燭，相當於我國人敬香。

棉堡石棺（土耳其）

當年只是葬豪門，豈料今朝伴石墩；
追憶兩千年往事，宛如春夢了無痕。（二〇〇〇）

註：棉堡是土耳其著名景點。其石棺係東羅馬帝國皇宮遺物，入葬的富豪貴族屍骨已全無。

跨洲大橋（土耳其）

伊斯坦堡好優遊，十里長橋跨亞歐；
古跡千年人共仰，長嗟聖戰血痕留。（二〇〇〇）

註：伊斯坦堡博斯普魯斯海峽上，有一連接歐亞兩洲的跨洲大橋。至爲壯觀。

階梯金字塔（埃及）

開羅古塔五千年，階共五層建石堅。
沙襲風吹仍屹立，線條美感亦依然。

（一九九六）

註：此塔約四千六百餘年歷史，至今五層線條仍清晰。

埃及古跡（埃及）

文化迷人舉世珍，維修不易毀獅身。
欲存考古傳奇地，盡力何關國庫貧。

（一九九六）

註：埃及政府爲了保存人面獅身像，設法撥助經費維修，惟技術上尚有困難。

克魯格野生動物園即事（南非）

公象形單倍感傷，雄獅志得意昂揚；
水牛斑馬共同體，猴子攀車乞食忙。

其二

野生動物喜相迎，獅豹奔馳鳥雀鳴。
幼象受驚母象怒，車頭猛撲客心驚。
（一九九六）

註：一九九六年十二月七日遊南非克魯格國家公園所見的景觀及驚險的鏡頭。

密歇根湖（美國）

芝城建築冠全球，密歇根湖景最優。
如此高樓觀夕照，好將勝跡耀伊州。
（一九九五）

註：①芝城指芝加哥。②伊州指伊利諾州。

紐澤西州楓紅（美東）

紐澤西州楓樹紅，淡黃深綠夾其中。
秋光更可添山色，贏得遊人展笑容。
（一九九六）

註：余於一九八五年九月和一九九六年九月兩度紐澤西州之旅，均見楓紅美景，心情舒暢。

美國白宮（美東）

白色牆垣四面遮，廳房陳設欠豪華。
花園景物雖清雅，總統居如百姓家。

（一九九七）

華盛頓賞月（美東）

一年明月此宵圓，傑佛遜前拜昔賢。
湖水粼粼碑倒影，永懷正氣壯山川。

（一九九八）

註：在華盛頓傑佛遜紀念堂前賞月、華盛頓紀念碑的湖中倒影，引人遐思。

紐約世貿大廈驚爆（美東）

雙星大廈航機爆，多少菁英烈火吞；
實景猶如看電影，誰為禍首定追根。

（二〇〇一）

美人驚魂（美東）

登樓就怕飛機撞，拆信先疑粉末開；
恐怖卻能攻霸主，泱泱老美惹奇災。

（二〇〇一）

劫後紐約（美東）

紐約名城永不忘，那知世貿竟遭殃；
行車過市須安檢，祈福人群進教堂。

（二〇〇一）

倖免於難（美東）

世貿樓窗眾手揮，瞬間血肉竟橫飛；
塞車遲到能逃劫，未死同僚淚濕衣。

（二〇〇一）

美軍進攻阿富汗（美）

崎嶇山谷進攻難，誓捕元兇賓拉丹；
培訓門徒因涉恨，空教老美妄摧殘！

（二〇〇一）

杜桑喜雨（美西）

一年難得下場雨，遠客光臨帶雨來。
豈是甘霖隨吉士，地方紳士喜相陪。

註：杜桑屬阿利山那州，余於一九八二年二月參訪。

（一九九三）

仙人掌（美西）

荒漠之中挺傲然，黃沙烈日任熬煎。
瓊花脫穎為時短，驚醒遊人直喚仙！

（一九九五）

舊金山金門大橋（美西）

潮聲雷動過橋聞，高架橫空欲入雲；
倘有張良來敬履，橋高那得獻殷勤。

（一九九五）

暢遊環球影城（美西）

地動天搖十級風，橋傾路阻遇山洪；
白鯊張口船翻覆，遊客驚奇道具功。

註：環球影城設在洛杉磯好萊塢，電影道具逼眞。

（一九九五）

訪旅美友人感賦（美西）

移民奮鬥以求生，廿載人人華屋營。
寬廣客廳無字畫，唯聞隔壁打牌聲。

註：余在洛杉磯訪友人有感而發。

（一九九九）

迪士尼樂園（美西）

滿園佈景力求新，米鼠形成意境純；
唐鴨逗人添樂趣，千年建築勢嶙峋。

（一九九七）

夏威夷草裙舞（夏威夷）

夏州晚宴小農村，裙草狂飆不露臀；
舞合歌聲旋律美，曲終人散意猶存。

（一九九七）

太空針塔（美西）

太空針塔進餐忙，旋轉一周覽八方；
場頂晴開陰雨合，四千公尺火山妝。

（一九九六）

註：①建在美國西雅圖，上設旋轉餐廳。②棒球場頂視天氣而電動開合。③有一火山高四千餘公尺，是一休火山。山前花卉繁茂，非常美觀。

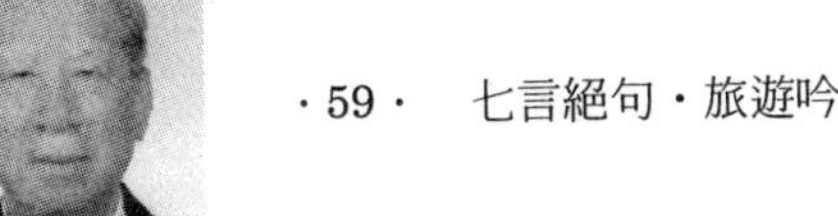

班夫國家公園（加）

藍天雪嶺下明湖，遊客如雲訪麗姝；
弓箭山河思夢露，溫泉盛景見榮枯。

（一九九六）

註：班夫國家公園內有一「明里溫加」湖。②弓箭山、弓箭河是瑪麗蓮夢露主演「大江東去」時的拍攝場地，瀑布壯觀。③著名的溫泉水池，因臭氣難聞，現已封閉。

路易絲湖（加）

纜車觀賞洛磯景，山景嶙峋大地春；
路易絲湖如翡翠，波平水靜更迷人。

（一九九六）

註：路易絲湖是以省長夫人芳名而命名。

湖濱公園（加）

公園巧飾花爭艷，省長夫人手自栽；

山色湖光純似玉，一時都向眼前來。（一九九六）

註：園在路易絲湖畔。

北極看極光（加）

繁星點點耀隆冬，午夜寒光展極容；
白馬市郊山頂上，悠悠綠帶幻游龍。（二〇〇一）

註：白馬市隸屬加拿大育空地區，冬季午夜看極光，是其吸引觀光客花招。

尼加拉大瀑布（美加）

萬里奔騰煙雨濃，水珠飛岸勢洶洶。
髮絲彩幻美如錦，一蕩詩人落落胸。（一九九六）

墨西哥市（墨西哥）

兩千多萬墨人居，最大都城信不虛。

百里方圓高廈少。可知黎庶苦無餘。（一九九九）

註：墨西哥市是世界第一大都市，擁有兩千萬人口，人民低薪生活，苦無積蓄。國際機場上有乞丐索錢者。

阿卡波爾科素描（墨西哥）

滑翔傘繫任風飄，汽艇扁舟浪上搖。
最是躍身超特技，引人入勝夢魂遙。（一九九九）

註：阿卡波爾科臨太平洋，是一渡假勝地。

墨西哥遇故知（墨）

去年相約今年見，異域重逢豈偶然；
君已升官仍故我，暢談不覺樂空前。（一九九九）

世界詩人大會會場即景（墨西哥）

世界詩人各處來，白頭綠鬢笑顏開。
交流英語多能懂，詩作如何任你猜。

（一九九九）

印加帝國馬丘比丘廢墟（秘魯）

可嘆印加無國字，梯田建物顯奇能。
西文教化今猶在，憑弔回思古結繩。

（一九九七）

註：印加帝國無文字傳世，是以結繩記事。目前秘魯使用西班牙文。

遊亞馬遜河（秘魯）

藍天黃水白雲飛，熱帶雨林映碧暉。
一葉輕舟飛躍過，此情初試樂忘歸。

（一九九七）

註：余於一九九七年二月四日及五日遊秘魯境內的亞馬遜河。

里約熱內盧耶穌像（巴西）

客車直上石峰坪，基督臨空看里城。
降福巴西人共仰，嘉年華會慶昇平。

（一九九七）

註：里城指里約熱內盧。

伊瓜蘇大瀑布（巴西、阿根廷）

阿根廷境雨林盈，魔鬼咽喉煙霧生。
又見彩虹橋上過，千軍萬馬瀉濤聲。

（一九九七）

註：余於一九九七年二月十二、十三日遊覽伊瓜蘇大瀑布，在阿根廷境內觀賞魔鬼咽喉形成的盛景，配合巴西境內所見的魔鬼峽十四道瀑布壯觀氣勢，感嘆大自然的美妙。

按：伊瓜蘇大瀑布高八十二公尺，寬三公里。比尼加拉大瀑布還要高二十七公尺，寬一倍半。由兩百七十五道小瀑布組成，雄偉壯觀，具自然純樸之美。

吐絲螢（紐西蘭）

岩洞舟行四壁空，繁星明滅見光蟲；

垂絲引捕昆蟲食，穴頂奇觀天象同。（一九九五）

註：上萬的螢光，好像天象館的繁星點點。

遊泰姬瑪哈陵有感（印度）

春遊印度廣寒宮，帝賜亡姬禮益隆；
囚禁八年隔河看，空留陵寢悔初衷。（二〇〇一）

註：泰姬瑪哈陵是世界七大奇景之一。十七世紀印度沙傑汗大帝爲皇后泰姬的愛情而建，歷時二十二年始完成。其第三子奪位，遭囚禁八年，但可隔河天天看見此陵。本愛情故事足可與楊貴妃在廣寒宮相比。

神牛逛街（印度）

彼邦牛隻視如神，鎮日橫行要路津；
獸命為尊人反賤，交通擁塞豈無因。（二〇〇一）

註：印度法律規定，撞傷牛，判刑六個月，撞死牛，坐牢六年。

波卡拉費娃湖（尼泊爾）

魚尾峰尖雪玉晶，朝陽照耀現嬌贏；
費娃樓頂觀奇景，喜馬高山蓋世名。

（二〇〇一）

多巴湖月夜（印尼）

波平浪靜月光明，湖畔燈光亮且清。
隱隱青山難掩色，人船俱寂只蟲聲。

（一九九五）

新加坡市容（新加坡）

獅城整潔氣清純，總算華人治國辛；
地少民稠高建築，五年一刷宛如新。

（二〇〇〇）

註：新加坡國宅租賃九十九年，政府每五年負責粉刷一次，宛如新建。

其 二

繁華似錦滿獅城，整潔街容亮且清；
園景樓房高格調，華人遊此感光榮。
（二〇〇二）

聖淘沙（新加坡）

音樂噴泉舞態柔，海洋世界萬魚游；
列車穿越椰林美，潔白沙灘伴客遊。

其二

昆蟲蝴蝶玩新花，角尾獅峰攬勝誇；
萬象館陳多特色，難忘渡假聖陶沙。
（二〇〇二）

檳城（馬來西亞）

百分八十是華人，都市繁榮景物新。
媲美獅城中國貌，今朝遊此亦驕矜。
（一九九四）

註：獅城指新加坡。

吉隆坡國家博物館所見（馬來西亞）

一床六枕回民俗，四位嬌妻睡若何？
兩大為頭四墊足，一床一個美人窩。（一九九四）

註：回俗一夫四妻，一床置兩大枕四小枕，有人誤以爲四小枕供四妻同床。

馬六甲之中國山（馬來西亞）

一萬二千大小墳，鄭和井水救華人。
即今民俗傳三保，益信華人倍可親。（一九九四）

註：中國山又名三保山。山腳下有三保廟、三保井。山旁有抗日蒙難華僑紀念碑等古跡。

菲　傭（亞太地區）

背井離鄉為報酬，六天工作一天休。

教堂車站齊相聚，飯飽相將訴旅愁。（二〇〇〇）

感性之旅（泰國）

異國風情現代裝，自然簡潔線條長，
柔和感性造型美，故意盈盈迎漢郎。（一九九四）

環遊世界有感

天鵝喜向遠方游，振作精神繞地球。
寰宇搜奇驚嘆罷，始知遊樂險中求。（二〇〇一）

註：余於八年間，遊罷六大洲六十一國後，經過埃及、南非、秘魯、阿根廷、印度等國多次驚險，有感而發。

越洋探親（歐美）

飄洋過海探親忙，歡聚他邦喜欲狂；

入境才知隨俗苦，西餐不若土雞湯！

（二〇〇〇）

遊耶路撒冷未遂（以色列）

巴人積憤誓輕身，算準時機炸旅人；
惟恐耶城常遇襲，想遊五載未成真。（二〇〇二）

註：余想遊耶路撒冷多年，均因巴勒斯坦自殺炸彈客猖獗，而無法成行。

大地陸沉（南極）

氣候異常影響深，群花綻放失規箴；
聖嬰現象核災重，南極冰川恐陸沉。（二〇〇二）

上海遇故知（上海）

時當戰亂各西東，五十年間信未通；
千里相逢終一見，歡情盡在不言中。（二〇〇〇）

外灘夜景（上海）

外灘經改浦東先，陸上交通海底連。
高廈明珠燈似錦，洋場十里勝當年。
（二〇〇〇）

註：浦東建有「東方明珠」等許多高樓大廈，最高有八十八層。

秋瑾像（杭州）

巾幗英雄不後人，為民為國竟忘身。
手持寶劍孤山伴，不讓鬚眉貌似神。
（二〇〇〇）

註：此立像係一九八一年重建。

三潭印月（杭州）

湖中大島小瀛洲，坡老當年屢唱酬；
翠柳滿隄輕拂面，三潭印月眼中收。
（二〇〇〇）

拙政園（蘇州）

入門恍似大觀園，真水假山枝葉繁。
勝地頻年留勝景，遙看寶塔更銷魂。

（二〇〇〇）

燕子磯（南京）

得意登臨燕子磯，壯哉孤嶼近京畿。
細思燕子今何在？飛去長江竟不歸。

（一九九五）

註：燕子磯位於南京近郊長江邊，經常發生失意者跳江自殺事件，類似美國舊金山之金門大橋。作者一九四七年七月來此遊覽。

黃鶴樓（武漢）

蛇山頭上建新樓，黃色琉璃寶頂留。
壁畫楹聯添古趣，任人西望大江流。

其二

鶴杳樓高故事傳，風光神韻勝從前。
山形江景相輝映，常使遊人憶昔賢。

其三

江漢合流匯楚城，蛇山黃鶴已無聲。
登樓縱眼三湘外，一讀鴻篇一愴情。

（二〇〇〇）

岳麓書院（長沙）

有宋從知理學昌；晦翁曾此設書堂；
考亭一派垂佳則，岳麓榮名百世彰。

（二〇〇〇）

登八達嶺（北京）

蒼茫陡峻與雲平，塞上曾屯百萬兵；
此日雄關供勝覽，一紓心志望河清。

玉印山（四川）

景色遙連玉印山，層層旋起彩雲間；
塔樓高聳江流急，大壩完成更麗顏。

（二〇〇二）

註：玉印山本名石寶寨。長江三峽大壩工程完成後，十二層塔樓仍保存，僅一樓將淹水。

頌貴峰詩村（福建）

解決糾紛用古詩，讓人三尺不為奇；
學風優雅無刑案，國粹宏揚舉世知。

其二

十五年頭造貴峰，宏揚詩教老僑翁；
七千學子頻嘉惠，世界詩人盡認同。

（二〇〇二）

註：貴峰詩村原名貴峰村，屬福建南安市。一九九五年八月二十五日，中華詩詞學會為其舉行「貴峰詩村」揭碑儀式。

樂山大佛（四川）

樂山大佛直凌雲，四季如常江水濆；
眉宇非凡威凜凜，傷心胸臂起斑紋。
（二〇〇〇）

籠　民（香港）

立身十八平方呎，廚廁髒汙人擠人；
努力打工難飽暖，房租不付變遊民。
（二〇〇二）

註：籠民是香港特有。常二、三十人住一籠屋內，每人佔十八平方呎的床位。廚廁髒亂不堪，僅比遊民睡馬路好些。

布達拉宮（西藏）

布達拉宮貌岸然，紅宮後建白宮先。

試看藏族新陳設，屋脊明珠接近天。

其二

金碧輝煌金頂高，佛堂金像傲當朝。
莊嚴氣勢經輪轉，風馬旗飄宮影搖。

（一九九七）

註：①布達拉宮號稱世界屋脊上的明珠。人世間最接近天上的一片土地。其金頂高一百一十五公尺餘。
②宮內有轉經輪，以代替唸誦輪上的經咒。
③風馬旗或稱經幡，懸掛於屋頂、山巔之上、隨風搖曳。宮前有一大池塘，可見全宮倒影搖動。

頌慈濟醫師（花蓮）

慈濟精神救眾生，杏林先進樂其成。
不為自己謀名利，無限愛心付善行。

（一九九六）

澄清湖曲橋釣月（高雄）

美如西子水波輕，九曲橋端釣月明。
湖畔茂林齊倒影，宛如樹在水中生。

註：「曲橋釣月」是張群題字，該碑豎立在九曲橋端。

（一九九九）

北關龜山島（宜蘭）

萬頃波濤往復回，北關覽勝有亭台。
東看碧綠一孤島，直似神龜出水來。

（一九九三）

宜蘭海岸（宜蘭）

車行海岸近黃昏，萬頃波濤晚更喧；
夕照伴霞如畫美，龜山景色最銷魂。

（二〇〇一）

登山賦詩（臺北）

花香鳥語入山遊，策杖背包上古丘。
春色無邊詩興湧，高朋湊句樂悠悠。

（一九九五）

天母國際街（臺北）

美食馳名國際街，聞香品味看招牌。
亞歐各式憑君選，中外嘉賓展雅懷。

註：國際街指天母西路一帶。

（一九九九）

淡江晚眺（臺北）

朝迎旭日照華岡，夕送斜陽落淡江；
海岸風光收眼底，胸襟可使萬邦降！

（二〇〇二）

註：淡海夕照是臺灣十景之一，華岡指陽明山最高學府中國文化大學。

〈溫柔吟〉

寫情書

層層漣漪激芳心，獨自悲啼在夜深；
一片痴情躍紙上，失眠閒聽鳥鳴音。

（一九八六）

一段情

過往熱情暫勿忘，長流細水勝芳塘；
渺茫嘆息人難見，山谷清音慰惋傷。

（一九八六）

感物傷情

翠柳荷池傍水栽，黃昏人靜獨徘徊；
自慚不及游魚樂，擺尾搖頭戲水來！

（一九八六）

相思病

愛君竟會愛成病，君竟懷疑病不深；
待汝猛然醒悟後，嗚咽斷續不成音！

（一九八六）

薄　情

軟語溫存像朵花，遺留香氣莫浮誇；
麗詞佳句成虛妄，知否愛情似薄紗。

（一九八六）

重　逢

日日思君心事重，朝朝盼望再相逢；
席間人雜情難訴，但看回眸意已通。

（一九九〇）

驚艷

昔日名花絕世姿，回眸一笑引遐思；
席間無語千般意，風韻徐娘似舊時。

（一九九〇）

校花

杏林春暖群英會，昔日校花亦趕來；
幾位汰員多愛惜，當年勝將已成灰！

（一九九三）

殉情

玉骨冰肌苦守貞，死心塌地動真情；
此生只合為郎死，報上花邊見姓名。

（一九八六）

情竇初開

煩憂籠罩我心扉，異性敲肩情竇開；
刻骨相思常入夢，真誠等待你追來！

（一九八七）

愛情長跑

難捨難分十八年，如痴如夢有姻緣；
合心合意齊牽手，相契相知笑語連。
（本詩共有四個疊語，聊博一笑。）

（一九八七）

風韻猶存

風姿綽約似中年，老尚多情分外妍；
佳話美談頻逗趣，眉開眼笑意綿綿。

（一九八八）

喜訊

喜見航郵笑眼開，愛兒已舉合歡杯；
魚書彩照齊飛出，儷影雙雙迎面來。

（一九九一）

賢內助

溫柔敦厚又深情，喜見內人比我行；
侍奉小心聽指使，一生相處賴真誠。

（一九九一）

花香

妳是紅花我綠葉，我能扶助妳芬芳；
相依一起多嬌艷，愛侶連誇妳很香。

（一九八九）

心理治療

君心難解醫師意，臉上殷勤是藥方；
醫學不能除恐懼，精神作用助君康。

（一九八九）

遇雨

烏雲片片雨濛濛，傘下真情畢露中；
身手緊依涼意去，天公作美電流通。

（一九八九）

遲到

秋水長天無盡頭，蒙君約我到芳洲；
涼風灌滿君衣袖，未怪遲來我更羞。

（一九八六）

禁足

蒙君熱戀苦無方，家長阻撓禁出房；
安得我身今似電，明燈悄悄照君旁！

（一九八六）

來電

相談片刻心靈合，總覺聲音似電流；
使我全身均發熱，兩情相悅共尋幽。

註：來電意即談得來。

（一九八七）

痴情

濃抹淡妝總入時，眼波方動引遐思。
含情欲說心中事，復恐旁人笑我痴。

（一九八八）

性騷擾

初春冷手太輕浮，何事敲肩斜著頭？
如此擾人真失禮，胡來怎可不含羞。

（一九八八）

唇印

說話溫柔暗遞馨，笑聲滋潤我心靈。
襯衫留下紅唇印，永保芬芳刻骨銘。

（一九八六）

項鍊

願作一條金項鍊，成天掛在你胸前；
歡聲笑語皆相應，共享溫馨栩栩然。

（一九八六）

探子

不是你娘不愛兒，大人之事你難知，
今朝相聚今朝樂，一到黃昏又別離。
註：離婚後的妻子，得於規定時間內，來夫家探望愛子。

（一九八六）

鑽石婚

此愛綿綿六十年，白頭偕老兩情專。
心靈交織恩難斷，相約來生再結緣。

（一九八六）

包二奶

大陸臺商太苦辛，野花暫作枕邊人；
可憐怨婦春閨夢，醋碎芳心何處伸？
註：包二奶即租妻。目前又稱爲「買黛安芬（胸罩）」。

（二〇〇二）

「人間四月天」觀後吟

一、徐志摩

風流瀟洒負文名，人在花叢喜用情。
無奈陸姝揮霍甚，西潮洗禮誤前程。

二、張幼儀

父母叮嚀崇四德，夫君冷語倍心傷。
劍橋伴讀學英語，處境堪憐枉斷腸。

三、林徽音

當年相識在英倫，結伴論詩並賞春。
幾度康河萌愛意，明眸皓齒更迷人。

四、陸小曼

春香鬧學種情苗，體態婷婷細舞腰。
狂熱追求花引蝶，新歡合拍趁時潮。

（二〇〇〇）

〈保健吟〉

照鏡

對鏡端詳心發慌，耳邊忽見髮蒼蒼；
初疑白色纖維染，清洗始知兩鬢霜。

（一九八八）

長壽

人言長壽是鴻福？長壽老人甚覺孤；
照顧起居防跌倒，一人長壽兩人扶。

（一九八九）

註：巴金言：「長壽對我是一種懲罰」。對一位腦筋清醒，無法言語、寫字的老人來說，眞是至理名言。

生與死

來如流水去如風，飄入人生一夢中；
不得不流流入世，飄飄逝去也無蹤。

（一九八九）

痛不欲生

加護病房設備新，紛紛插管令人嗔；
腦筋清醒心招損，如此求生甚苦辛！

註：嗔就是發怒。

（一九八九）

亂求醫

無法安心病在床，沉疴何處覓良方；
生機一線仍求治，草藥庸醫也考量。

（一九八九）

風濕病人

兩腿微酸半欲扶，不堪雨喚與風呼；
轉陰氣象毋須報，電話一通問老夫。

（一九八九）

健康食法

均衡營養勿多油，煮熟燒開法最優；
蔬果奶魚稱上品，天然清淡有來由。

（一九八九）

延年粥

世人都想樂延年，飲食均衡運動先；
充足睡眠多用腦，耄齡啜粥自欣然！

（二〇〇二）

養　心

多行善事自歡娛，錢出私囊不在乎，
看破世情真學問，心能放下要功夫。

（二〇〇二）

四老

老伴起居互愛憐，老年生活賴金錢；
老來身體須強健，老友交談結勝緣。

（二〇〇一）

老淚

修補器官更可移，人生八十不稀奇；
細胞老化終歸盡，惹得親情落淚時。

（二〇〇一）

人生四不朽

落日彩霞天際明，功成名就列公卿；
立言立德垂千古，生也有涯滿愛情。

（二〇〇一）

勉退休者

退休生活喜平常，以後無須公務忙；
宦海浮沉今已了，不幫人作嫁衣裳。

（一九九八）

防病

怪病愛滋乘勢來，禍根確定在章台；
勸君莫折章台柳，移向他人院裏栽。

（二〇〇〇）

老病

老人最怕病來磨，重聽瞳花霜鬢多；
總有器官先退化，跌交感冒變沉疴。

（二〇〇〇）

自謔

壽登七十皆稱老，儀器無靈逐日多；
乘坐公車人讓位，蹣跚趕集為吟哦。

其二

聽失眼花齒動搖，霜眉銀髮且彎腰；
吟詩作樂尋奇句，老朽還能耍一招。

（二〇〇一）

白頭偕「惱」

椿萱並茂耀門楣，兩老無猜冷眼窺；
相近如冰真冒氣，白頭偕惱總難支。

（二〇〇二）

醉翁

亂吼狂言揮手杖，橫穿馬路倒車旁；

行人搶救無傷痛，他是醉翁趕集忙。（二〇〇二）

落齒

隱痛常於未食前，搖搖欲墜又流連；
一朝別汝應垂淚，甘苦同嘗數十年。（二〇〇〇）

老眼

眼花色亂視茫茫，無法觀書暗自傷；
默誦詩詞尋妙句，幸能動筆出佳章。（二〇〇〇）

愁腸

老人惆悵九迴腸，排便偏難如願償；
蠕動吸收難盡力，嚼磨慢嚥是良方。（二〇〇一）

註：粗纖維與過多蛋白質變乾硬，形成便秘，須服軟便劑。有一蔣教授飲用「綜合蔬果泥」，通便見效。

右側半身不遂

人有右肢我獨無，語言思考亦含糊；
步行左足傾全力，上下台階苦老夫。

（二〇〇一）

讀《隨園食單》感賦

袁枚食譜久聞名，烹菜求精重養生；
質美清鮮真味出，下廚藝術富詩情。

（二〇〇二）

偶　感

菲才豈敢自清狂，白首高歌意味長；
保健延年誠妙計，拙詩或可永流芳。

（二〇〇二）

加護病房

昏迷不醒無聲息，生死茫茫一瞬間；
加護病房陰氣盛，願他逃過鬼門關！

（一九九九）

七三述懷

桑榆晚景好為之，即景行吟免腦痴；
加入社團多活動，胸懷高潔且修持。

其二

萬水千山七載遊，八方四面飽吟眸；
自尋樂趣心舒暢，擁抱環球志已酬。

（二〇〇二）

悼沈力揚醫師

悟篤亭前悼力揚，陽明花季更芬芳；

杏林史冊留功績，地下逢盧論處方。（一九八六）

註：悟篤亭係紀念沈力揚醫師建在陽明山上。適與光舜亭并立，光舜亭係紀念盧光舜醫師。盧沈二氏均爲外科名醫。

陽明公墓

在位權謀今若何？荒丘叢葬鬼魂多！
夜遊經過礦溪路，常聽林間奏輓歌。（一九八八）

註：陽明公墓建在磺溪路（由石牌行義路往陽明山之捷徑）旁小丘上。據說該處夜間鬧鬼甚厲。

寫詩健腦

思維不息免痴呆，日日謅詩腦健全；
我勸世間名利客，何如吟癖好延年。（二〇〇二）

土風舞

今日老人樂事多，雙雙對對似飛梭；
手揮香汗蜂腰動，卻自悠然舞且歌！
（二〇〇二）

學到老

五人三百七旬三，歡聚方師棄井庵；
教學雙方無倦意，詩壇此會作佳談。
（二〇〇二）

註：方子丹師年九十三，章編審年八十六，余年七十四，席教授年六十六，吳教師年五十四，五人合三百七十三歲。每星期五在方師寓所「棄井庵」歡聚。方師誨人不倦，余等四人學習精神亦勝於中年人。「春人詩社」及「乾坤詩刊社」等社團，引爲美談。

〈社教行〉

颱風

十級強風百籟喧，隔窗雨落似傾盆。
突然停電天昏暗，低處人家水打門。

（一九八六）

日月潭震災

地牛疾走大臺灣，震倒樓房百萬間；
群眾死傷人恍惚，明潭不再是名潭。

（一九九九）

土石流

只因濫墾樹全摧，土石無依撲下來；
弄巧如今反成拙，眼前人禍勝天災。

其二

山形變谷懸狂瀑，土石衝開低處家；
一片汪洋人沒頂，靈魂可嘆染黃沙！
（二〇〇一）

洪水嘆

土石由山往下流，民房衝倒物皆浮；
親人壓死堪沉痛，誰遣洪災舉國愁！
（二〇〇一）

八掌溪事件

滾滾洪流困四人，纜繩搶救滑遭湮；
海鷗聞訊延遲到，誤盡蒼生是重臣。
（二〇〇一）

註：海鷗是直升機代號。

海浪拍岸

淡海觀落日

精妙混聲水猛馳，音階節奏浪奔隨；
細砂石子翻天動，泡沫無端即撤離。

（二〇〇一）

日月爭輝

金風送爽怯輕寒，煙樹晴嵐著意看；
海上夕陽紅一片，彩霞輝映蔚奇觀。

（二〇〇〇）

月食

晴空萬里一藍天，西月東陽耀眼前；
雙照爭輝成美景，此生能見豈非緣。

（一九九一）

孤月高懸在碧蒼，冰輪晦冥不尋常；
地球射影今蝕食，陰影移時復見光。

（二〇〇一）

七夕

鵲橋高架霧雲開，織女牛郎此夕來；
相聚時間雖短暫，情人乞巧永相偎。
註：七夕又名中國情人節。
（二〇〇一）

缺水迎颱

泳池罷演鴛鴦戲，工廠農田旱象生；
直待颱風豪雨至，全臺才有水盈盈。
註：颱風是臺灣天災之一。有時卻因它帶來豪雨而解除旱象。
（二〇〇二）

合歡山降雪

一陣寒風來襲後，合歡山頂白如銀；
紅梅嶺上齊爭放，冬盡臺灣景乍新。
（二〇〇一）

春興

庭花馥郁嶺梅香，草木欣欣粉蝶忙；
如畫陽明多積翠，猛然似覺在他鄉。

（二〇〇二）

事變

槍林彈雨突然來，身陷重圍當炮灰；
匍匐爬行云不死，迄今回味有餘哀。

（一九八七）

幻覺

九曲橋端樹兩株，陰涼助我好看書；
微風吹動喃喃語，意識斯人是老徐。

（一九八八）

七七盧溝橋

七七兇鋒紀往年，盧溝殘月認烽煙；
大言三月亡中國，看爾投降在眼前。

其二

盧溝橋上血斑斑，往事回思險又艱；
老美投她原子彈，國人喜淚得臺灣。

（一九九八）

重九

重陽敬老大官臨，慨贈紅包表寸心；
避難登高成笑語，兒孫難得報佳音。

其二

遍插茱萸成絕響，異鄉作客在臺灣；
請看敬老千金贈，尚有人心慰老殘。

（二〇〇一）

奧運勝利

大獲金牌立大功，歡騰直使九州同；
睡獅已醒稱華夏，體力超群國勢豐。

（二〇〇一）

選　舉

選戰花招屢變遷，百般造勢搞文宣；
同根煎急成仇敵，是否賢能不盡然。

其　二

車塵音噪滿街坊，口水狂飛誇己強；
民主自由爭選票，賢能傑士不靈光。

（二〇〇一）

無名英雄

一顆原彈大功成，十四萬人盡往生！

投手此時難啓口，英雄自古不求名。（一九九八）

註：美軍狄百茲（Paul Tibbets）駕機投擲原子彈，在廣島炸死十四萬日人，受許多美人責難，他隱居俄亥俄州一小城，經商維生，絕口不談往事。

父親節感懷

養兒防老成虛幻，子女高飛巢已空。
守住年金才保險，不然晚景變貧翁。（一九九九）

傷時

經濟蕭條感慨多，人浮於事失調和；
謀財害命天天有，苦難蒼生喚奈何！（二〇〇一）

書憤

習慣辛勞豈肯閒，鏡中鬢髮竟先斑；

傳媒政客紛爭起，晚歲徒傷世事艱。（二〇〇一）

心有戚戚

仇家舉動太猖狂，公共設施急設防；
人類面臨超限戰，核生化武築墳場。（二〇〇一）

光碟哀歌

春風得意快如何？美女俊男敘酒過；
錦帳銷魂針孔攝，滿城光碟奏哀歌。

其二

針孔偷窺雲雨私，遇人不淑毀英雌，
激情相摟收光碟，春去花殘太可悲！（二〇〇一）

閒趣

拂曉起來無事忙，用完早點又登床；
多因夢餓自然醒，吃罷午餐看夕陽。

（二〇〇一）

二〇〇二年願景

世紀更新又一年，可憐失業胃難填；
艷聞肉票爭渲染，將恐烽煙斷復連。

其二

眾望星移當大員，余期口袋有零錢，
餘生只願尋常過，便是人間第一仙。

（二〇〇二）

歲暮悲鳴

滾滾紅塵鬧黑金，滔滔電視播騷淫；
茫茫兩岸無良策，碌碌餘生大難臨！

（二〇〇二）

元旦雜感

歡天喜地過新年，碌碌無為祇自憐；
往事如煙如夢去，獨誇詩境勝從前。

（二〇〇二）

徐秤莊

徐達宗孫痛國亡，埋名隱姓向東藏；
歷經數世成村落，遺澤長留徐秤莊。

（一九八七）

註：徐秤莊隸屬蘇北，在安徽之東。詩內嵌有徐、世、澤三字。

野　墓

許莊墓地甚淒涼，荒草野生倍感傷。
蛇鼠穿梭魂欲斷，殘骸使我更驚慌。

（一九八七）

註：許莊墓地位於徐秤莊與范家莊之間是野墓，俗稱「亂葬地」。此是描述一九四四

年之事。

回鄉探親

睽違半紀故人逢，握手言歡憶昔容；
倦鳥歸來如一夢，親情相對訴萍蹤。
（二〇〇〇）

新居

新居天母七層樓，國際名街日夜遊。
窗對陽明勤寫作，鬧中取靜創嘉猷。
（一九九九）

註：①天母西路號稱「國際街」。
②陽明指陽明山。

天母廣場

西園漫步復東園，飽賞朝霞笑語喧；

百鳥齊鳴勝仙境，寸心松下謝天恩。（二〇〇二）

過陶宅

氣爽天高遊果園，小橋流水入山村；
林間信步聞啼鳥，欲訪陶潛柳掩門。（二〇〇二）

乘淡新捷運有感

科技翻新載客馳，行車穩準價便宜；
淡新鐵路經三線，今日只須一小時。（二〇〇一）

註：三十年前由淡水乘火車往新店，須先乘淡水到臺北線，再乘臺北到萬華線，第三乘萬華到新店線。

酬庸封官

人生在世似蜉蝣，難得邦家名器酬；

深恐來朝轟下野，官銜不及爛羊頭。（二〇〇二）

網咖對抗書店

金石堂前國際街，青年很少入門來；
網咖遊戲貪圖樂，不愛詩書最可哀。（二〇〇二）

註：天母西路（又稱國際街）上有金石堂書店及網路生活館（簡稱網咖），青年多迷戀於網咖，故有此感嘆。

股票市場

市場好似海波浪，無數浪花追趕忙；
謊報漲紅人受騙，退潮血汗盡流光。（二〇〇二）

老無所養

昔日為兒作馬牛，老年生活發新愁；

如今棄養成洋俗，還有劣行父母羞。（二〇〇二）

檳榔西施

長髮酥胸玉手搓，霓裳半裸舞婆娑；
勞工一日薪資少，那及西施賺得多。（二〇〇一）

華航空難

航機解體從天降，粉蝶紛飛海上浮；
家屬心情悲不勝，瞬間羽化使人愁。（二〇〇二）

註：二〇〇二年五月二十五日，華航在澎湖三萬英尺高空解體，乘客殞落在大海滄浪中。

傷時（集陸放翁句）

更事多來見物情，半生名宦竟何成；

如今歷盡風波惡，惆悵無人說太平。 （二〇〇二）

註：第一句見「春日雜興」。第二句見「夜問鄰家治稻」。第三句見「秋晚思梁益舊遊」。第四句見「夢中作」。

新年偶感

浮生寶島一身輕，不會彎腰逐利名；
去住無心忘落寞，忙於求活怕興兵。 （二〇〇二）

地球日有感

熱帶雨林日漸消，全球溫度創高標；
極冰溶化將沉沒，惆悵殘年暮景凋。 （二〇〇二）

盜賊橫行

道義人心似晦霾，謀財盜賊闖空齋；

年來已乏安居處，惹得衰翁忐忑懷。

（二〇〇二）

人瑞遇害

梁翁練得百年身，樂善施錢更睦鄰；
素識狂徒萌殺念，天良喪盡義沉淪。

（二〇〇二）

註：百歲老人梁步雲，一九〇四年生，住臺北市信義區。公職退休，樂善好施，每天清晨練香功，於二〇〇二年四月二十六日在家遭熟人謀財害命。

空屋

信步東鄰迷寸衷，豪華大宅內成空；
庭園花木仍繁茂，無殼蝸牛想不通。

（二〇〇〇）

佳節懷鄉

中秋剛過又重陽，育幼思親倍感傷；

核爆驚傳民餓死，趨庭無計斷愁腸。

（二〇〇〇）

註：回憶一九六五年過節的情形。

夜讀

書房一盞鳥形燈，伴讀良宵興倍增；

月照玻窗相映趣，細看樹葉欲飛騰。

（一九九九）

犬性

逛街小犬搶先去，走到巷前忽自回；

發現主人原地站，舉頭搖尾狀如孩。

（一九八七）

蘭與竹

四時花卉互爭榮，短暫芬芳過便空；

惟有山中蘭與竹，經春歷夏又秋冬。

（一九八七）

觀石濤畫有感

獨移古木石濤抓，漫繫輕舟鴈港斜；
寒舍暮煙同入夢，空廬野靄似仙家。

（一九九八）

商品文學

少小離家避難來，一生落魄髮成灰；
書無人購才何用，瞻念前塵不盡哀！

（二〇〇一）

身分證號碼

電腦生平早載明，有關資料記真情；
見人不必提名姓，報號如今已盛行。

（二〇〇二）

謝方子丹教授贈巨著《九十歲以後古近體詩三百首》

頌公所贈愧芻蕘，當代詩家壓衆僚；
展卷挑燈幾不寐，含英吐粹勝雲韶。

（二〇〇一）

頌方師子丹松鶴遐齡

九三嵩壽仰時賢，松比堅強鶴比年；
皓首明眸神奕奕，詩壇獨步八千篇。

（二〇〇二）

頌志工

心甘情願出初衷，不請而來是志工；
氣度昂揚行動捷，熱誠服務豈言功。

（二〇〇二）

註：志工又稱義工。

課孫有方

書香門第有賢孫，禮貌週全且慎言；
雖屬童年無稚氣，記爺教誨受人尊。

（二〇〇二）

兩性政治

婦權崛起政壇參，廷議裙釵要肅貪；
義正辭嚴談國是，門楣不再重生男。

（二〇〇二）

冥　想

默無一語心何往？觸景生情有所思。
天馬行空除俗慮，浮遊飄蕩尚何疑。

（二〇〇二）

出國旅遊

居家只覺空間小，出國方知世事奇；
耳順之年仍健壯，旅遊享樂要當時。

（一九九四）

過時人

厭聞世事懶翻報，電子傳媒又怨頻；
不識青年哈日話，始知我是過時人。

（二〇〇二）

追　影

路燈照射見君隨，狗仔追蹤疑似誰？
猛搶鏡頭迎趕上，知君是影自嬉嬉。

（二〇〇一）

酒舞

舞客尋歡嫌夜短，衣香鬢影極撩人？
誰知席上西洋酒，可抵勞工百日薪。

（二〇〇二）

宏揚詩教

三百無邪儒學彰，楚辭漢賦美悠長；
唐詩韻律形聲壯，吟社如林互頌揚。

其二

政壇行事乏綱常，宦海淪為奪利場；
公德蕩然須挽救，宏揚詩教是良方。

（二〇〇二）

輓劉菲

先生驟性卻雄奇，世界詩刊大有為。

古體新詩同羽化，空留偉抱外星知。

（二〇〇一）

註：劉菲湖南人，主編「世界詩葉」，倡古體新詩，純爲五言或七言。惟韻腳偏離平水韻和中華新韻。

痛苦出詩人

滿懷憂鬱感淒然，碌碌無為年復年；
偶觸情懷來一句，不期而得好詩篇。

（二〇〇一）

詩人悲歌

下筆心情淚暗垂，平生功力有誰知？
如今政產文經界，只愛浮名不愛詩。

（二〇〇二）

詩詞身後事

余在騷壇沾上邊，詩詞滿口自欣然；

時人莫笑余痴甚，或可流傳幾百年！
（一九八八）

詩心

步行遲緩髮蒼蒼，展讀閒吟覓句忙；
惟有詩心長不老，至今仍似少年郎。

其二

眼明手快腦清楚，生活起居均正常。
每日寫詩多樂趣，心情不老便安康。
（二〇〇二）

論詩

不論新詩與舊詩，好詩自會引人奇；
多元社會多風貌，韻律詞章要合時。
（一九九二）

其二

好詩耐詠調悠揚，立意清新韻味長；
妙句天成人朗誦，遣詞質樸又何妨！
（二〇〇二）

讀《乾坤》古典詩有感

時賢詩作自傳神，懷舊成吟感賦頻；
新秀新題同播美，好詩總在性情真。

（二〇〇二）

《思邈詩草》問世感懷

離鄉負笈出秦關，亂世飄萍一飯難；
五十年來平淡過，謅詩贈友展歡顏。

（二〇〇二）

〔五言律詩〕

〈旅遊吟〉

阿姆斯特丹中秋（荷蘭）

今夜中秋月，荷蘭未見明。
海堤波撲岸，磚道雨敲琤；
花圃多詩味，風車乏水聲。
窗帘高格調，猶憶紅毛城。

（一九九四）

冰島印象（冰島）

朝食無雞蛋，樹高不及人。
火山灰滿岸，地熱浴強身。
國土美軍駐，漁民保警巡。

冰河幾占半，菜賴荷蘭輸。 （一九九七）

註：冰島食物及日用品，除魚類外，均仰賴荷蘭等國進口。

象山水月度中秋（桂林）

象鼻山頭月，漓江照碧流。
桂花香郁郁，棠葉綠油油。
引客仙岩洞，招遊彩艇樓。
吳剛忙弄斧，此夕是中秋。 （二〇〇〇）

註：二〇〇〇年九月十二日（農曆中秋節），余受邀參加此活動。

茶餐（花蓮）

茶葉去油膩，減肥肉味香。
金萱烹鴨汁，鐵片燉雞湯。
翠玉劍蝦棒，烏龍排骨強。
鶴山宜渡假，極品供君嘗。 （一九九〇）

註：鶴山茶餐在花蓮縣境內

基隆港（臺灣）

一見基隆港，瞬間思故鄉。
河寬相近似，船大顯高昂。
國際來遊客，人間去遠航。
自由誠可貴，海鳥任翺翔。

（一九八九）

〈溫柔吟〉

榮總荷池

萋萋芳草路，淑女比花嬌；
桃靨不能吻，柳腰難繪描。
荷池香馥馥，水面影飄飄。
往事成追憶，情牽九曲橋。

（一九九一）

思母

苦念高堂母，鄉居豈可安？
亂離家道落，羈旅隻身寒。
書信無從寄，心情那得歡。
時堰相送地，淚共漏聲殘。

（一九八五）

註：時堰屬蘇北東台市。

〈保健吟〉

環境污染

日光空氣水，清潔已難尋，
煙霧侵人肺，汙流傷我心。
河川遭色染，林木受塵深，
工廠集中地，藍天不復臨。

（一九八八）

老病抱憾

高年長臥病，流淚露真情；
睜眼盯兒久，動唇喚太輕。
有心圖握握，無意發哼哼。
日漸迷糊狀，遺言說不清。

（一九九七）

〈社教行〉

檳榔西施

圖利售檳榔，西施著薄裳；
啓唇聲轉婉，眨眼臉飄香；
玉手隨君握，酥胸任爪狂。
司機多樂此，學壞少年郎。

（二〇〇一）

戒狂購

客廳工廠化，主婦共耕耘；
經濟全台動，人民四體勤。
賺來雖薄利，花費卻彌殷。
慨嘆瘋狂購，旅遊不守分！

（一九九八）

望月懷恩師

明月思鄉切，長懷馬老師；
恩情堅比石，世局亂如棋。
宦海難生計，騷壇竟著迷。
當年若未學，今豈說能詩？

（二〇〇一）

詩人節感賦

歡渡端陽節，屈原千載名，
離騷提警覺，投水表忠貞。
墨客詩猶盛，龍舟賽未停，
汨羅江上鳥，仍作不平鳴。

（一九九二）

落葉

秋風吹落葉，最惜遠離根；
本自江都府，飄來瀛海村。
經年頻悵惘，竟日少溫存。
產地難歸去，淪為野鬼魂！

徐世澤 二、十二八。

〔七言律詩〕

〈旅遊吟〉

出席漢城第十七屆世界詩人大會（韓）

世界詩人會漢城，一堂濟濟盡群英。
三韓史跡知名早，萬國騷壇創意明。
魔術展圖贏掌鼓，錄音伴奏帶琴聲。
東西文化能融合，擊缽吟風獲好評。

（一九九七）

註：一九九七年八月二十至二十四日，在漢城舉行第十七屆世界詩人大會。會場上穿歷史服裝，桌上置小國旗，朗誦詩反面繪製小圖畫，錄放音機助長氣氛，中國古典詩之音樂性等，洋洋大觀，令人讚賞。

世界詩人在斯洛伐克作家協會林園晚宴感賦（斯洛伐克）

綠草如茵樹影叢，成千腳印五洲通。
華英雜語群英會，得意吟聲好意同。
悄悄舉杯詩興發，輕輕揮筆勢行空。
盛筵今夜終須散，國際隆情成長中。

（一九九八年）

註：第十八屆世界詩人大會於東歐斯洛伐克召開，八月二十二日在該國作家協會林園舉行晚宴，林園綠草如茵，樹影重重，數百位詩人歡聚。場中華語、英語、法語、德語通用。得意二字與德、義兩國諧音，聊博一笑。

第十九屆世界詩人大會（墨西哥）

墨西哥國結吟緣，世界詩賢共串聯。
一代騷風看蔚起，兩洲令譽喜留傳。
宏揚詩教垂千載，美化人生享百年。
冠蓋如雲齊朗誦，縱橫筆陣耀青天。

（一九九九）

註：第十九屆世界詩人大會於一九九九年十月二十四日至三十日在墨西哥阿卡波爾科市（Acapulco）舉行。

登高望遠（紐約）

世界之窗氣勢雄，登臨絕頂若懸空。
人車走動如玩偶，船艇航行似彩虹；
俯瞰哈河環島繞，遙看公路幾州通。
浮生到此超塵俗，紐約風光夢幻中。

（一九九七）

註：①世界之窗是指紐約世貿大廈第一〇七層樓，第一一〇層是頂樓，高四二〇公尺。二者均可觀賞紐約市全景及紐澤西州、康乃狄克州等。不幸於二〇〇一年九月十一日遭恐怖份子劫機兩架撞毀。

②哈河全名是哈德遜河。

③世貿大廈是雙塔建築，又名雙子星大廈。

〈溫柔吟〉

春遊

碧草茵茵花影重，深深腳印是芳蹤。
低徊細語真心露，爽朗歌聲愛意濃。
執手依依談趣事，鎖眉悄悄展歡容。
願君今日遲遲去，脈脈溫情有所鍾。

（一九八九）

款款深情

融融暖意兩相偎，悄悄低聲笑語陪。
陣陣溫情感肺腑，層層熱愛暢胸懷。
依依不捨心神會，脈脈交流眼界開。
日日凝思夜夜想，頻頻電喚好音來。

（一九九〇）

交際舞

燈光旖旎樂聲揚，春色撩人翠袖香。
愛火初燃蜂引蝶，情潮暗起鳳求凰。
男圖擁女花心動，女想依男柳眼張。
只恐良宵酣舞罷，卻因分道兩相忘！

（一九九四）

〈保健吟〉

養生吟

保健良方笑語頻，意誠心正廣施仁，
均衡營養無偏味，濃烈甘醇少入唇；
終日勤勞圖報國，清晨運動為強身，
深謀遠慮垂佳績，服務人群在便民。

（一九八四）

祝羅光瑞公八秩壽慶

羅致人才為國用，光榮盛德受尊崇；
瑞開教授傳心法，公治肝炎造化功。
名震全球憑毅力，高居顧問播仁風。
壽登八秩身猶健，長使同儕仰道躬。

（二〇〇二）

註：羅光瑞教授爲防治肝炎疫苗注射立功，享譽全球。

賀岳母大人百年大慶

星輝寶婺瑞雲稠，慶溢蓬瀛競祝謳；
氣定神閒身體健，心怡興雅德行優。
居家平淡勤成習，教子多方志已酬。
放眼古今諸姥姥，幾人能得百年籌。

（二〇〇二）

老年學詩

白髮求知慰暮年，師生耄耋結文緣；
躬聆句句心中記，筆錄行行腦裡便。
解惑尤須詢古意，創新才可作佳篇。
爭分奪秒揮毫速，頗覺詩成樂似仙。

註：余年七十三歲始向方子丹師學詩。

（二〇〇二）

〈社教行〉

電話

海角天涯一線通，話機巧妙又玲瓏，
數從手指輕彈下，聲達親朋瞬息中；
號碼全能分遠近，地區不限任西東，
環球萬里皆連繫，傳影傳真電信功。

（一九八九）

颱風

十片烏雲十級颱，漫天暴雨頓成災；
沿途落葉蕭蕭下，遍地洪流滾滾來。
水電俱停無處食，街車受阻不能開。
一年數度遭風劫，窪地居民最可哀。

（一九九八）

地震

樓搖轉眼連牆倒，黑夜災民睡道旁；
母哭父號尋子女，兄抬弟抱送傷亡。
殘垣受困悲垂淚，大業成灰痛斷腸。
嘆息震威無預警，呼天無語感彷徨。

（一九九九）

光碟風波

閨房針孔涉春光，檢警人員大掃黃；
美妞未防遭監視，巫婆有意巧安裝。
公權應把偷窺禁，司法尤須正義張。
但願包卿來審案，莫教狗仔太猖狂。

（二〇〇二）

華航空難

華航一直上青天，忽訝長空解體傳；
飛彈誤攻難置信，油箱爆炸待追研。
夫妻兄妹沉沙底，親友兒孫祭岸邊。
兩百餘人同羽化，春閨夢碎不成眠。

（二〇〇二）

棄井庵品茗

翠綠文山耀夕陽，茶煙輕舞意飛揚；
香浮鼻孔天行健，喜動眉梢老運昌。
舌蕾長留奇美味，心田最愛好詞章。
烘焙饒趣精神爽，細綴微吟引興長。

（二〇〇二）

歡迎世界詩人蒞臨臺北

大哉華夏以詩名，世界詩人競結盟，
臺北市間多貴客，中山堂內集群英；
蒞臨寶島今三度，活躍騷壇合七情，

國際新詞能共享，一週盛會獲佳評。

（一九九一）

喜賦春人詩社五十年大慶

臺北春人載譽隆，星霜五十振騷風；
吟旌高舉群賢集，采筆頻揮教化同。
妙句縱橫稱泰斗，鐘聲磅礡啓愚矇。
名家輩出光華夏，喚醒詩魂一代崇。

（二〇〇二）

參加世界詩人大會感賦

世界騷人秋季會，群賢相見破愁眉；
吟哦佳句驚寰宇，朗誦新詞振海湄。
主旨論文多巨構，專題研究著宏規。
好詩定可傳千古，何獨逢場奪錦旗。

（二〇〇二）

《乾坤詩選》出版有感

創社五年四海傳，宏揚詩教譽空前；
觀今鑑古多名士，吐故納新勝昔賢。
奮筆超凡融一貫，微言易俗集千篇。
乾坤代有才人出，共放乘風破浪船。

（二〇〇二）

註：「乾坤詩刊社」倡行古典詩與現代詩融合，五年後編印《乾坤詩選》，受人讚賞。

跋

我在初三、高一階段，負笈他鄉，夜宿廟堂。某日，一位馬老師看我在廟裏聚精會神地讀書，便要我晚上到他宿舍玩，因而他便教我讀唐詩，可惜時間只有四個月，他到另地高就了。但我卻學會平仄聲和押韻的常識。作絕句由兩句到四句，而奠定了四十年後再學寫詩的基礎。

讀醫學院後，功課繁重，已無讀詩寫詩的時間，直至一九八三年，我在宜蘭員山醫院院長任內，有一位住院榮民能詩，他特別為我寫了一首七絕讚美詩，暇時我這才翻閱《唐詩三百首》，便模仿唐詩句法習作，榮民詩人為我校正，將詩稿投到「榮光」發表。有一首七律「養生吟」，一九八五年四月十三日竟在《新聞天地》第一九三九期刊出。這是一項很大的鼓勵。因為我以前未學寫過律詩，完全是自學。《新聞天地》是一本高水準的刊物，實屬難得。不久，我調入臺北榮總，忙得頭昏腦脹，天天在做計畫，環境巡查。一九八七年後，工作較優閒，才有時間再寫詩。《中央日報》、《聯合報》、《新生報》、《青年日報》、《臺灣新聞報》、《世界論壇報》、《更生報》等十三種報刊都登載過拙作，翌年全國詩人節，遂因此獲頒「優秀詩人」獎。

一九八九年六月起，拙詩常在《榮總人》上發表，同時《源遠》也增闢海外校友版。由於編輯使命繁重，職責所在，暇時必須多翻閱唐詩宋詞，藉以撰寫新聞標題和一般文題，真是「一枝動而百枝搖」，唐詩宋詞都學寫，可皆不精。偶爾也有人說好，尤其是〈白衣天使〉與〈老伴吟〉兩闋，有人曾再三翻閱、細讀。御醫姜必寧教授、尹在信教授、張心湜校長、宋哲生教授、夏菊玲董事長等對我非常勉勵。外籍教授和學生也喜歡看我的詩，因而前輩們推介我入詩學社團。萬想不到會受Dr. Zsoldos的青睞，願為我校正英譯稿，鼓勵我出專集《養生吟》（Regimen）。當年並蒙中華醫學會會長羅光瑞博士及國立陽明大學校長韓韶華博士作序，竟又獲頒教育部「宏揚詩教」獎。

一九九四年，文藝界和我交往的人士漸多。一九九六年，藍雲先生要辦一份新（現代）和舊（古典）並存的《乾坤》詩刊，周伯乃先生任社長，邀我任副社長。我掌握機會，每期都寫現代詩和古典詩發表。當時現代詩主編帶我加入「三月詩會」，古典詩主編帶我加入「春人詩社」。

後者由方子丹教授和廖從雲教授主持，每兩個月集會一次。我的古典詩用字遣詞與表現方式，經過先進們的潤飾，漸漸地有詩味了。我經常參加其他詩社活動，連世界詩人大會和全球漢詩學會，我也飄洋過海出席過。人頭慢慢混熟了，詩藝也略有些進展了。於二〇〇一年十月，自覺拙詩（古典詩和現代詩）尚似乎有點模樣，敝帚自珍，不妨收集成冊以《翡翠詩帖》書名印行。並蒙大作家無名氏（卜寧）公作序。方子丹教授垂閱《翡翠詩帖》後，願為拙詩推敲刪正，再加上近作，重刊一集，這才有此本《思邈詩草》問世。

此書內容，包含五絕、七絕、五律、七律、英、法譯詩等項，並依內容分為「旅遊吟」、「溫柔吟」、「保健吟」、「社教行」等四類，總計三百餘首。每首詩標示年代，藉以回憶當時靈感燃燒的滋味。真實紀錄我由苦難中成長、茁壯的心靈軌跡，表達我對人生的感悟，對生命的熱愛，以及對古典詩舊瓶裝新酒的探討。桑榆晚景，能每天寫一點東西，保持身體健康，多活幾年，殊堪自慰。此詩集肯定禁不起大詩家的青睞。但對初學寫古典詩者，或許可作一些參考。「保健吟」類的詩，具有科學性，實用性及趣味性，也值得一閱。

此書蒙華岡教授方子丹公熱心命名，並賜序言。大作家無名氏（卜寧）撰〈記醫界一位奇人〉代序。臺灣師範大學名教授名詩人邱燮友（童山）撰〈人文記遊詩人徐世澤先生及其詩——為《思邈詩草》集作序〉。輔仁大學外籍教授Dr.Zsoldos賜英文序及法文序。現代詩名詩人麥穗先生惠賜宏文。女學者詩人陳素英提供畫像，均使本詩集倍增光彩，我生何幸，得此知遇，令我萬分感激。

我也要感謝「春人詩社」、「三月詩會」及《乾坤》詩刊四十餘位先進審閱，文史哲出版社彭正雄社長策劃。內人全秀華及小女曉儂亦十分支持我，得以順利付梓。午夜夢回，這十七年來，一些人和事的大是大非，均已幻化泡影，惟有拙詩尚得留存。但不管朔風乍起，雪地仍顯印跡。春夢秋魅雖斷，藕絲殘痕猶存。拙詩已是這些印跡與殘痕。閒時可供咀嚼、回味，這正好證實了：有時詩如橄欖，回味無窮。而靈敏的讀者，亦可從詩中內涵及年代，多少可以領略到我當時的如萬花筒的心情。

徐世澤　二〇〇二年十月於臺北

附錄一

傳統中的現代詩質

——讀徐世澤著《思邈詩草》有感

麥　穗

最近連續拜讀趙諒公先生發表在《乾坤詩刊》的大作〈談傳統詩與新詩交流的問題〉。拜讀之餘，對於趙先生的見解頗有同感。雖然並不完全同意新詩必須押韻，但為了增加詩在朗誦時的音韻美，不妨考慮加韻，當然刻意的押韻，並不是新詩創作的必然，但自然的流露也不必刻意去迴避，所謂自然流露，大都是創作者胸中已經深植有傳統詩詞的根，這也是一種新、舊詩的自然交流，所以這種詩人的作品多半可以朗朗上口，含有一份傳統的詩質。就如詩人向明說的「能保存傳統所經得起時間考驗的詩性特質」。這也就是趙諒公先生所說的中國詩的傳統美質。

趙諒公先生除了主張將傳統詩習用的辭彙移植到新詩上面外，也希望將許多俗語裝到傳統詩軀殼裡面，雖然前者並不一定為極現代的新生一代寫詩朋友所接受，而後者當然有賴於趙諒公先生這種熱心詩運的傳統詩人們的努力了，但最近曾閱讀三月詩會同仁（乾坤詩刊社副社長）徐世澤的《翡翠詩帖》詩集，因為徐兄是一位從傳統詩出發走進新詩領域的，所以他算是一位傳統與新詩的雙棲詩人，因此他的新詩不經意間就會流露出傳統詩的韻味，而他的傳統詩也有接近現代化口語的現象。筆者曾在一篇評介《翡翠詩帖》的拙文中，提出〈羅恩湖夜遊〉中的「樂得陽光伴夜遊」這句現代味十足的詩句為例。

最近徐世澤兄又將出版新著傳統詩集《思邈詩草》，筆者有幸，承徐兄惠予先睹為快的機會。雖然筆者對傳統詩祇是一個愛好者和欣賞者。對徐兄的大作不敢有所置喙，但在細細品賞之後，發覺這冊傳統詩作有許多欣賞之處，如許多詩篇取材於日常生活和見聞，詩題更與現實生活緊扣著，如「塞車」、「來電」、「人妖秀」、「菲傭」、「選舉」、「檳榔西施」、「光碟哀歌」、「劫後紐約」等等，使人感到傳統詩並非如想象中那麼古老，那麼遙遠。感覺上尤如在和左鄰右舍聊天話家常。至於他詩中的現代化語言，除文前所介紹的〈羅恩湖夜遊〉外，在這本詩集中更有不少介乎新詩語言的佳句，而且夾雜著一些現代生活用語（也可算是俗語），如〈塞車〉中的「午餐成泡影，糕果暫充飢」的「泡影」。〈美人驚魂〉中的「泱泱老美惹奇災」的「老美」〈自謔（其二）〉

中的「老朽還能耍一招」的「耍一招」，〈選舉（其二）〉中的「賢能傑士不靈光」的「不靈光」。〈空屋〉中的「無殼蝸牛想不通」的「無殼蝸牛」。〈過時人〉中的「不識青年哈日話」的「哈日」，〈追影〉中的「狗仔追蹤疑似誰」的「狗仔」等等不勝枚舉。

趙諒公先生主張傳統詩解放，這是一個非常開明的建議，記得已故《世界詩葉》主編劉菲，曾提倡「古體新詩」。雖然沒有引起多大的迴響，和學理上的確認，但他那份想結合新和舊的理念和勇氣，是令人敬佩的，目的也有解放傳統詩的意思。可惜壯志因為他的離開人間而沒有留下一個結果。徐世澤兄當時也經常有佳作在《世界詩葉》發表，可見其也是贊同傳統詩解放的。所以他這本詩集雖然是屬於傳統詩，但卻是很「現代」的，幾乎已經有了「解放」的趨向，以下就例舉幾首新詩味甚濃的作品及部份詩句，讓大家一起來欣賞。

背井離鄉爲報酬，六天工作一天休；
教堂車站齊相聚，飯飽相將訴旅愁。
——菲傭

難捨難分十八年，如痴如夢有姻緣；
合心合意齊牽手，相契相知笑語連。

滾滾紅塵鬧黑金，滔滔電視播騷淫；
茫茫兩岸無良策，碌碌餘生大難臨。

——愛情長跑

咫尺天涯遠，塞車四小時；
午餐成泡影，糕果暫充飢。

——歲暮悲鳴

——塞車

當然要傳統詩來個全盤「現代化」，是不可能的，因為如此一來，傳統詩就不「傳統」了。因此就有「解放」說，就像民國初年，廢除婦女纏足，有許多已經纏了足的年輕女孩雙腳，從緊纏在長長的裹腳布中解放了出來，雖然雙腳已無法恢復，而那種介於被束縛和天然之間的解放腳，是當時被認為最美的。今天傳統詩接受解放，應該也會呈現出一份親切的美感，《思邈詩草》中就有許多這種傳統中夾雜著現代的詩句，如〈探友病〉：「日前探友病，往事互通情；忽問余尊姓？令余吃一驚！」的後二句。〈湖濱公園〉：「山色湖光純似玉，一時都向眼前來。」的最後一句。又如〈項鍊〉中的前兩句「願作一條金項鍊，成天掛在你胸前」。〈越洋探親〉的後兩句「入境才知隨俗苦，西餐不若土雞湯！」

一九二九年出生的徐世澤兄，今已年逾古稀，但其詩心還是如此年輕，令人欽羨，在《思邈詩草》有一首〈詩心〉，可以看到他對詩的一股熱誠。

步行遲緩髮蒼蒼，展讀閒吟覓句忙；
惟有詩心長不老，至今仍似少年郎。

二〇〇二年七月五日夜　於烏來山居

附錄二

詩朗誦與保健

徐世澤

我從事醫務工作四十多年，獲得一個保健經驗，那便是朗誦詩詞對於身心健康有密切的關係。

在我國文學長河中，詩占有重要的地位。詩不僅是精緻美好的精神食糧，也是修心養性的滋養品。一個人在病中，偶然披上外套，步入後園，眺望遠方的河流，抬頭看那藍空的飄浮的雲絮，心胸頓時開朗，此時不由地朗誦起王之渙的「登鸛鵲樓」：「白日依山盡，黃河入海流；欲窮千里目，更上一層樓。」此時，病人和詩人的思想感情相結合，同時置身於美麗大自然中，這對於病人的復健確有一定的影響。

在現代醫學治療上，詩治療Poem Therapy是心理治療的一種。它比音樂治療還有效。著名作家朱自清說過：「有些人在生病時或煩惱時，拿一本詩選來翻讀，便會覺得心情平靜些、輕鬆些。」這些話確有道理。

目前臺灣的城市鄉鎮都有詩學研究社，可以統計出詩朗誦的人口，

包括老人、婦女和青少年。而且坊間尚有「中華兒女唱唐詩」錄音帶出售。日本各地皆有漢詩吟社，他們對漢詩的朗誦，是配合早覺會的劍舞、扇舞、巾舞等活動，幾乎把吟詩視為日常生活的一部分。

詩人惠特曼說過：「一個國家的偉大性的最終估計，必須嚴格的在它特定的第一流的詩歌之花中，表現出來。」我們知道，過去鄧麗君拿手的一曲「胭脂淚」，她演唱時有一段獨白：「林花燦爛，萬紫千紅，一轉眼花落水流，春去無蹤，難道人生也正與林花一般的匆匆與苦痛？」這段獨白，很美。它是從李後主的「相見歡」詞中引申而來的。

最近我從長江三峽旅遊歸來。當船過三峽，我站在船頭倚靠欄杆，眺望兩岸斷崖景色，不由地朗誦起李白的「下江陵」：「朝辭白帝彩雲間，千里江陵一日還；兩岸猿聲啼不住，輕舟已過萬重山。」這首詩節奏明快，音響奔放，詩中沒有一個快字，但從景物的快速移動寫起。尤其從第三句的驚心動魄猿聲的描述，使三峽水道給旅人一種逼迫的壓力，但過了萬重山的歡愉，不僅產生旅行樂趣，還有一種對生活上的滿足心情。

歌德有言：「誰要理解詩人，就一定要進入他的領域。」我認為從事詩朗誦，不僅汲取了詩的藝術美味，同時也理解了詩人的品質與風采，進而作到保健。如以保健而言，唐詩最有益。雖然它已有一千多年歷史，但清朝蘅塘居士編選的「唐詩三百首」，直到今天仍是暢銷書。

一九九六年七月十五日青年日報

附錄三

賀世澤先生《思邈詩草》出版

藝文代代見新潮，
李杜辭章一代驕；
莫道徐詩無典故，
滿行妙語寫今朝！

宋哲生敬賀

徐著思邈詩草序

往者，宋山陰陸游，陟險三巴，著劍南詩稿。明江陰徐宏祖，遊蹤萬里，作徐霞客遊記。清康有為流亡海外，歸來製小印一方，文曰：「維新百日出亡十六年，三周大地，經三十一國，行六十萬里」，以記其壯舉。余友徐世澤仁弟，不讓前賢，足跡遍及世界六十一國，歸著「抱著地球走」大著，一時享譽中外。

頃又將其旅遊時，即景行吟之彙萃詩帖見示，並囑推敲刪正。每篇以述作多列一集，乞為命名，且告余渠之賦詩既非附庸風雅，更非奮求博得詩譽，其旨在於以詩保健，以詩美化身心，裨可延年益壽，請酌本此意為之弁言。

鏗鏘諷誦既竟，甚佩清新。其製作體制，仍沿用五七言絕句五七言律，皆白意用現代語，既不泥古，亦合今宜。尤抵有類於唐之白居易、宋之范成大、清之袁枚、民初之黃遵憲。鑄詞明白了當，立意機趣橫生，言微含人神意，寓意引發人靈湧，俾神不僅舒暢，且足神馳。凡此皆作品之精髓者也。因其為醫師之作，乃借唐代神醫孫思邈之名，以名其集曰思邈詩草以歸之，謹序。

[illegible]陽方子丹時年五十有三

中華民國五十六年七月吉日

附絕句

(一)壯遊繞萬里徐霞客。陟險三巴陸放翁，若比抱球徐世澤，小巫忽於大巫同。

(二)詩律相兼醫國，盧扁同垂濟世名，如是當年孫總理，出身也是一醫生。

(三)欲知何術能醫病，吟咏誠為不二方，倘許小紅低唱室中，月月百年長。

悼大作家無名氏先生

・徐世澤・

卜老風流世所知，若論際遇惜離奇；
坐牢裝病逃橫死，著述等身是大師。

★　★　★

巨著《無名書》六卷，宏論宇宙至通神；
堅持眞理不降服，毅力超群第一人。

★　★　★

《塔底女人》受讚揚，忙於寫劇損心腸；
病貧交迫難支撐，痛失文豪弔國殤！

★　★　★

絕筆仍書「不要死」，尚懷簽約赴蘇州；
那知病勢趨沉重，一瞑眞教了百憂。

註：一、無名氏原名卜寧（一九一六－二〇〇二），他曾出版《北極風情畫》、《塔裡的女人》、《紅鯊》、《花的恐怖》及《抒情煙雲》等二十餘本著作。

二、《無名書》六卷：書名（一）《野獸、野獸、野獸》、（二）《海豔》、（三）《金色的蛇夜》、（四）《死的岩層》、（五）《開花在星雲以外》、（六）《創世紀大菩提》。

三、無名氏新著《塔底的女人》，改編爲電視連續劇二十集，因六、七月間寫劇太忙碌，致患貧血症。

四、原定十月十四日赴蘇州簽「塔劇」合約，版稅約台幣一百三十萬元。十月三日凌晨因食道靜脈破裂而住加護病房。十月六日仍親書「不要死」三字，不幸於十月十一日零時逝世。

附錄五

《思邈詩草》體別和類別統計表

類別／體別	旅遊	溫柔	保健	社教	合計
五絕	16	10 題 11 首	4	5 題 6 首	35 題 37 首
七絕	99 題 113 首	31	31 題 33 首	74 題 83 首	235 題 260 首
五律	5	2	2	4	13
七律	4	3	4	10	21
合計	124 題 138 首	46 題 47 首	41 題 43 首	93 題 103 首	304 題 331 首

作者伉儷在冰河上乘摩托車

阿拉斯加冰河崩裂

挪威北角午夜太陽

阿根廷冰河

阿根廷最南端之火地島

莫斯科紅場

波蘭奧斯威辛集中營

捷克布拉格建築景觀

多瑙河上作新詩

巴黎羅浮宮維納斯女神

威尼斯康多娜遊海

西班牙鬥牛

土耳其跨洲大橋

美國白宮總統會客室

希臘奧林匹克體育場

紐約世貿大樓遺影

華盛頓賞月

埃及金字塔

希臘雅典衛城山上神廟

加拿大境內尼加拉大瀑布

加拿大史坦利公園

祕魯馬丘比丘廢墟

紐西蘭吐絲螢洞穴

南非好望角

史瓦濟蘭關卡入出境站

瑞典北部滑雪場

南美洲伊瓜蘇瀑布

德國萊茵河

秘魯印第安居民

紐約自由女神

英倫御林軍

冰島噴泉熱間歇泉

伊斯坦堡清眞寺

南韓華文碑

拙政園可見十里外寶塔

登八達嶺（萬里長城）

長江三峽之玉印山

上海外灘夜景（背景是東方名珠）

書法家題余詩句

遊蹤萬里徐霞客涉險三巴
陸放翁若比控球徐世澤
小巫焉與大巫同　率題
世澤鄉兄控球大著
朐陽方子丹

方子丹教授贈詩手稿

作者參加 2000 年桂林世界華文詩人大會

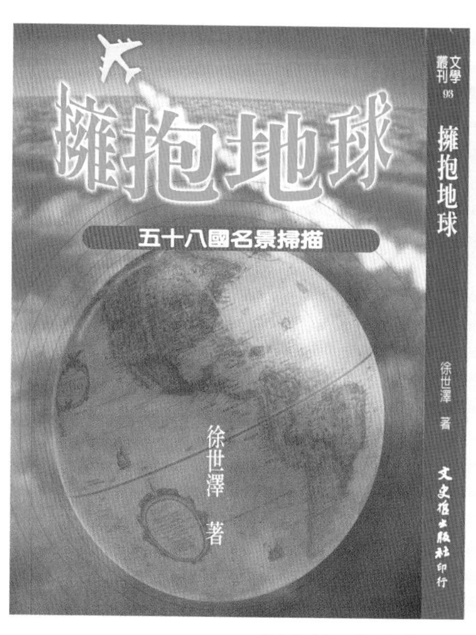

《擁抱地球》於 1999 年出版

《翡翠詩帖》於 2001 年出版

作者出席斯洛伐克世界詩人大會 1998 年

作者於 1999 年在墨西哥世界詩人大會上吟詩

Dr. Hsu, Shih-Tze (徐世澤)
(Stephen Shih-tze, HSU)

1427-2F, VGH East District
Shih-Pai Road, Section 2
Peitou, Taipei, Taiwan, R.O.C.
Tel: 886-2-871-3250

March 13, 1929

Medical doctor
Editor-in-chief, N.D.M.C. Monthly
(National Defense Medical Center)
Secretary chief, Chinese Poets
Association in Taipei, Taiwan

Prof. Evelyne Anne Voldeng

French Department
Carleton University
1125 Colonel By Drive
Ottawa, Ontario, K1S 5B6, Canada
Tel: 1-613-520-2194 (O)
1-613-257-4290 (H)
Fax: 1-613-520-3544

Born in Brittany in 1943

Publication:
Tessons
Le Journal des poètes
Fireweed
Les Femmes et les mots
Envol

Après une étude de la nature dans la poésie de John Keats, elle s'est interessée ã l'oeuvre de Tristan Corbière, puis aux écritures féminines

Mr. Viktor A. Ourin

Olympoetry Movement
3395 Neptune Ave. 124
Brooklyn , New York 11224, USA
Tel: 1-718-373-0719

Founder and president
Olympoetry Movement

Dr. Rosemary C. Wilkinson

3146 Buckeye Court
Placerville, CA 95667, U.S.A
Tel: 1-916-626-4166
Fax: 1-916-642-2183

February 21

President of World Congress of Poets,
World Academy of Arts and Culture

Publication:
Grosart-1972 best edition of his works
(Robert Southwell, S.J.)
Hood's-1926 The Book of Robert Southwell
Janelle-1935 The Writer
Christopher Devlin-1955 The Easton
Press, Norwalk, CT, U.S.A

Anthology of Natural Modernism
World Poets

Published : August 1997.
Printed : August 1997.
ISBN 89-7762-044-9

Author : World Poets & Han-Yi Baek
Published by : Han Midia Co., Ltd.

ISBN 89-7762-044-9

作者獲頒詩教獎 1993 年

作者獲頒成就獎牌 1998 年

Romania
Primaria Municipiului Iaşi

The Mayor of Iasi, dr. Constantin Simirad confers upon

HSU SHIH-TZE

DIPLOMA OF PARTICIPATION

in **The 4th World Congress of Poets**
for Poetry Research and Recitation 2002

Iasi, Romania, 28 October - 1 November 2002

Mayor,
Dr. Constantin Simirad

羅馬尼亞頒贈作者出席證書

作者於 2000 年在希臘世界詩人大會上朗誦詩歌

作者與瑞典、斯洛伐克、匈牙利三國詩人合影

作者與五國詩人餐敘

世界詩人茶敘群像 1999 年

作者與美籍世界詩人大會會長合影

作者與印尼蘇北省省長合影 1995 年

作者於 2002 年出席新加坡全球漢詩研討會

作者參加詩的餐宴活動

Preface

Hsu Shih-tze, D.D.S., M.P.H., is an outstanding, well respected medical doctor in the Republic of China, practicing his medical profession at the prestigious Veterans Hospital in Taiwan. However, besides healing the bodies of his patients he is also very eager to help them in their spiritual needs. "Mens sana in corpore sano" professed the Romans, but this is true in the other sense, too. A healthy mind affects the whole body. When soul and spirit are all right, when someone is morally and spiritually fit, then, and mostly only then, can we hope that he or she can fulfill physically his or her task. Body and soul are mutually related to each other. Both need food, fresh air, water, and a healthy milieu for living, growing, blossoming, bearing fruit.

In Dr. Hsu's poems all this is abundantly present and those who read this Anthology slowly, in a meditative mood, will discover behind the fabric of his poems an immense beauty, a keen mind, a man of delicate heart, and shall find plenty of food for elevating their mind, soul and heart. They will be ravished by the melodious murmuring of these

verses like a swift creek running down from a mountain, by the well composed lines, striking images, profound ideas and human warmth.

They will sense a man who is continuously holding his fingers on the pulse of humanity touching the pulsating heart of each of us. This is maybe the most evident and palpable proof of his greatness and universal value as a doctor and a poet, a Chinese man but also a cosmopolitan.

Dr. Imre Prince Zsoldos svd.
Fu Jen, French Graduate School, director
May 1, 2002

Préface

Hsu Shih-tze, D.D.S., M.P.H., est un illustre docteur en médicine, très respecté dans la République de Chine. Il a pratiqué cette profession à l'hôpital des Vétérans à Taiwan. Cependant, en plus de guérir les corps de ses patients, il est très dévoué à les aider aussi dans leurs besoins spirituels. "Mens sana in corpore sano" - ont professé les Romains mais c'est vrai aussi dans un autre sens. Un esprit sain influe sur tout le corps. Lorsque l'âme et l'esprit s'harmonisent, et que quelqu'un est en forme moralement et spirituellement, seulement dans ce cas-là peut on espérer qu'il peut impeccablement emplir sa tâche. Corps et âme sont mutuellement reliés l'un à l'autre. Tous les deux ont besoin de la nourriture, de l'air frais, de l'eau et d'un environnement apt pour vivre, croître, fleurir et porter des fruits.

Tout ceci est abondamment présent dans ces poèmes de Dr. Hsu; ceux donc qui lisent doucement et d'une manière méditative cette anthologie vont découvrir derrière le tissu de ces poèmes une immense beauté, un esprit sagace, un homme d'un coeur délicat, en un mot, ils vont trouver

plus qu'assez de nourriture pour lever leur esprit , âme et leur coeur. Ils vont être ravis par le murmure mélodieux de ces vers qui coulent comme une ruisselle rapide d'une montagne; ils vont aimer ces lignes bien châtiées; ces images frappantes; les idées profondes et la chaleur humaine de ce poète.

Ils vont ressentir l'homme-médecin qui tient ses doigts sur le pouls de notre main en écoutant battre le coeur de chacun de nous. Ceci est peut-être la preuve la plus évidente et la plus touchable de la grandeur et de la valeur universelles de cet homme-médecin qui est Chinois mais aussi un homme cosmopolitain.

Dr. Imre Prince Zsoldos svd
Université Catholique de Fujen,
Institut Français, professeur
Hsinchuang, Le 1 mai 2002.

Anthology of Poems of a Physician
Anthologie de poèmes d'un médecin
目 錄

Contents
Contenu

序 224
Preface 224
Préface 222
眞 情 32
Deep affection 218
Affection profonde 218
傳 情 32
Communication of love 217
Communication de l'amour 217
單 戀 32
Unilateral love 216
Amour unilatéral 215
垂老吟 36
Old poet 214
Vieux poète 214
重 逢 79
Meet again 213
Nouvelle rencontre 213
長 壽 88
Boundless bliss ? 212
Bonheur bien beau ? 212
生與死 88
Birth and death 211
Vie et mort 211
美國白宮 54

The White House (Washington D.C.) 210
La Maison Blanche (Washington D.C.) 210
杜桑喜雨 56
Welcome-rain in Tucson 209
Une pluie bien accueillie à Tucson 209
外灘夜景 70
Beach scene at night (Shanghai) 208
Une scène à la plage le soir (Shanghai) 208
澄清湖曲橋釣月 76
Cheng Ching Lake (Kaohsiung) 207
Le lac de Cheng Ching (Kaohsiung) 207
環境汙染 129
Environmental pollution 206
Pollution environmentale 206
颱　風 140
Typhoon 205
Thyphon 204
地　震 141
Earthquake 203
Tremblement de terre 202
養生吟 138
Regimen 201
Régime 200
作者小傳 封面裡
Biography of the author 199
Biographie de l'auteur 198
附錄 Appendix
A study of the Tang poetry 197

Deep affection

A smile is kept at all times in subdued contour.
Frequent gaze seems to show unlimited emotion.
Honey-words seem to be heard still in the ears.
The deportment and behavior reveal her deep affection.

Affection profonde

Un sourire doit être toujours adouci.
Un clin d'oeil fréquent est signe de passion incontrôlée.
Les doux mots d'amour resonnent longtemps dans les ore-illes.
Belle conduite et civilité manifestent une affection profonde.

Communication of Love

Her heart should have been revealed earlier.
But no words were uttered when met.
Attractive eyes communicated real affection.
A smile in response warmed up what she felt.

Communication de l'amour

Son coeur aurait du se révéler plus tôt
Mais à notre rencontre on n'a dit qu'un seul mot;
Ses yeux attirants parlaient d'une affection réelle,
Son sourire fut une chaude réponse et dit ce qui était elle.

Unilateral Love

I

Days of a youngster are spent in futility.
Time for wedding can be remote.
Long sigh continues day after day.
(He does not know when the wedding
 can be expected.)
To whom his love should be disclosed!

Ⅱ

Gentle wind blows on green leaves.
A little rest beside the lotus pond.
In response to deep friendly sentiments.
Take a remote look at Dick Young.

Amour unilateral

I

Les jeunes gens mènent une vie futile;
Plus ils se marient tard mieux cela vaut.
Les longs jours se passent en soupirs.
(Ils ne savent pas exactement quand le mariage
devrait avoir lieu.)
Ils ne savent pas qui devraient-ils aimer!

II

Une brise douce souffle sur les feuilles vertes.
Je peux m'assoir à côté de l'étang des nénuphars
Pour passer un peu de temps avec un ami venu me voir.
L'amitié entre lui est moi s'est fait valoir.

Old Poet

I know everyone must die some time.
There is less time to leave us now.
I have to be calm and get rid of anxiety.
I must chant poems against the devil of ill.

Vieux poète

Je sais qu'un jour tout le monde doit mourir.
Nous n'avons pas beaucoup de temps même si la vie est longue.
Je dois être calme et ne m'en soucier pas trop.
Je dois chanter mes poèmes pour guérir ces maux.

Meet Again

I miss you day after day with deep worry.
I never cease to hope to meet you again.
I could not tell all I had in mind before the party.
A smiling nod at each other was enough to reveal.

Nouvelle rencontre

Tu me manques chaque jour et je m'en soucie.
Je ne cesse quand même d'espérer te revoir.
Je ne pouvais pas te dire ce que je te voulais à la partie.
Une inclination de tête souriante mutuelle nous suffit.

BOUNDLESS BLISS ?

Is it boundless bliss when one lives till eighty?
But an old man must always face sour solitude.
He must be taken care of, to prevent stumbling,
Two men have to back him up when he is so ageing.

Bonheur bien beau?

Est-ce un bonbeur bien beau d'avoir 80 ans?
La solitude y devient pesante cependant.
Quelqu'un doit l'épauler continuellement.
Un viellard porte son ombre tout le temps.

Birth and Death

It comes like a flow and vanishes like a wind.
Lifetime for human beings seems to be a dream.
Flowing to the world by force without its own will.
But disappearing also like a leaving wind never to return.

VIE ET MORT

Elle vient comme le courant et disparaît comme le vent.
L'existence humaine n'est qu'un rêve, en apparence.
On ne nous pose aucune question sur notre naissance.
Et on ne demande pas non plus, si nous voulons ou non la partance.

The White House (Washington D.C.)

Rising in a limited area, by white walls surrounded,
The President's house shows nothing of luxuriance.
With a small garden unpretentiously arranged,
It looks just like an ordinary residence.

La Maison Blanche (Washington D. C.)

Erigée sur un lieu bien déterminé, enclose d'un mur blanc
La maison du président américain n'a rien de luxurieux.
Une parque tout autour arrangée sans prétention
Donne l'impression d'une résidence ordinaire.

Welcome-rain in Tucson

All year around scarcely has rained here.
But now it rains timely with a guest from afar.
As if the rain would happily welcome a master.
And jovially greet him with the local gentry.

Note: These verses were written while the author paid visit to the Tucson Veterans Medical Center in Arizona, U.S.A.

Une pluie bien accueillie à Tucson

A peine a plu pendant toute l'année par là,
Mais il pleut pour m'acceuillir, ce hôte lointain
Maintenant comme si j'étais un grand seigneur
Et la pluie voulait me saluer comme résident.

Remarque: Ces lignes, je les ai écrites au cours d'une visite de《Tucson Veterans Medical Center》 in Arizona, U.S.A.

Beach Scene at Night (Shanghai)

Putung, an islet for industrial growth,
Is linked to Shanghai city undersea.
With highrise towers fully lit at night,
The beach presents a splendid sight to see.

Une scène à la plage le soir (Shanghai)

Putung, une petite île pour développer à l'avenir.
Le passage à Shanghai est fait underground.
La nuit des gratte-ciel brillent en pleine lumière
La plage est un régal splendide pour les yeux.

Cheng Ching Lake (Kaohsiung)

The lake's a beauty, on green wavelets dancing;
Over the nine-curved bridge, the moon is shining.
Behold! the shoreline bushes, thick and brown,
Seem to be growing in water upsidedown.

Le Lac de Cheng Ching (Kaohsiung)

Les ondelettes vertes mènent une dance sur la lame du lac
La lune brille souriante sur le pont polygone.
Regardez au flanc de la plage les buissons denses et marron;
Comme s'ils poussaient dans l'eau à l'envers.

Environmental Pollution

Sunlight, air and water.
Cleanliness can hardly be found.
Smoke, mist enter into human beings' lungs.
Dirty water hurts my heart.

Rivers are infected, malodorous.
Trees in forests are severely damaged,
On their places factories shoot up
The sky never appears cerulean.

Pollution environmentale

Soleil brillant ; de l'air, de l'eau.
Tout est sale tout autour.
La fumée pénètre dans les poumons
L'eau souillée m'écoeure.

Les fleuves sont infectés, puants,
Les arbres aux forêts déchiquetés,
A leurs endroits poussent les usines,
Le ciel n'est jamais bleu, azuré.

Typhoon

Dreadfully strong winds sweep the sky covered with dark clouds.
Storms are ruthless, leaving ruins and corpses in their course.
Trees are bare of branches and leaves fallen in desolation.
Torrents can be seen running from all sides.
Sudden power failure darkens sky and earth.
Everyone finds the flood coming and rising at the door.
Long time in a strange land, makes one feel the home country far away.
Grief for moving about like duckweed in anarchy is endless.

Thyphon

Des vents terriblement forts apportent des nuées noires au ciel.

L'orage est si cruel; il ne laisse que ruines et cadavres à son passage.

Les arbres sont dénudés , sans feuilles, sans branches.

Les eaux pluviales battent de tous les côtés.

A travers les fenêtres, un circuit ferme

Crée de l'obscurité. Tout le monde

Sent l'eau inonder la maison.

De longues années loin de son pays natal.

Rendent la vie dure à supporter, rebarbarative, brutale.

Earthquake

A tremor rocks the town, and houses fall.
In dark streets, out rush people, one and all.
Mothers weep; fathers take loved ones from bed;
Brothers help move the wounded and the dead.

Entrapped, the tearful victims moan in pain;
With all things lost, they hope for help in vain.
Alas! the earthquake strikes with little warning,
Causing unmitigated grief and mourning.

Tremblement de terre

Une secousse ébranle la ville, les maisons s'écroulent.
Dans les rues sombres les gens, en tous sens, courent.
Les mères hurlent, les pères arrachent les enfants au lit,
Les frères aident les morts, les blessés encore en vie.

Les victimes sauvées gémissent en peine;
Ayant tout perdu, n'ont plus d'espoir, plus rien.
Hélas! Le séisme est imprévisible, incertain,
Les calamités causées sont immenses et sans restraint.

Regimen

Stay in good health, take care.
Soften your words, smile, be fair.
Do good unto others without fanfare.
Keep a balanced diet, do not favor any taste,
Taking less liquor or spicy food is not a waste.
Work hard daily to serve your country.
Build up a strong body through exercising
Continually in the morning and regularly.
Plan ahead to ensure a better future.
Serving people by working with them and for them
Is the highest form of universal culture.

Régime

Restez en bonne santé, soignez-vous bien.
Parlez doucement, souriez, soyez calm, fin.
Faites du bien aux autres sans fanfare, sans fin.
Soyez au régime équilibré sans être extravagant.
Prenez moins d'alcool et moins de nourriture pimentée.
Appliquez-vous au travail en servant votre pays.
Faites de la gymnastique pour votre santé.
Chaque matin ou à n'importe quand dans la journée.
Faites des projets pour assurer un avenir plus beau.
Servez le peuple. Si vous travaillez pour eux
Et avec eux, vous pourrez être sûr que vous exercez
La forme la plus haute d'une culture universelle.

Biography of the Author

Hsu Shih-tze (Stephen Hsu) D.D.S., M.P.H. was born in Kiangsu Province, China in 1929. He graduated at the National Defence Medical Center in Taiwan and continued his medical research in the United States, Australia, and New Zealand. He attended ten sessions of the World Congress of Poets and traveled over more than sixty countries around the world. His medical career includes department chief, secretary general, hospital director, etc. In addition, he edited the Veterans Hospital Monthly and his writings appeared in various newspapers and magazines. He has published four books: Regimen, Selected Poems in 5 Languages, Embracing the Globe and Emerald in Poetry. For his contribution in poetry, he has been cited by the Ministry of Education. Currently, he is secretary general of the Chinese Poets Association, deputy director of Chien Kun Poetry Quarterly, and member of the editorial board of Yuan Yuan Magazine.

Biographie de l'auteur

Dr. (Etienne) Shih-tze Hsu est né le 13 mars 1929 dans la province de Kiangsu, Chine. A présent, il habite dans la banlieu de Taipeh, Taiwan. Son pays natal s'appelle Hsu-cheng, c'est un village au nord de Kiangsu. Après être diplômé de médicine à l'université médicale de la Défense Nationale, il continua à faire des recherches aux Etats Unis, en Australie et au Nouvelle Zéland.

Il attendait souvent les Congrès des Poètes Mondiaux et a voyagé en plus de soixante pays autour du monde.

Sa carrière médicale, il l'a pu pratiquer en qualité de directeur du département, secrétaire général, directeur de l 'hôpital etc. En plus, il a été rédacteur en chef du magazine 'Veterans Hospital Monthly' et ses articles sont paru dans des revues et magazines divers. Il a publié quatre livres : Régime, Poèmes sélectionnés en cinq langues, En embrassant le Globe et Eméraudes en poésie. Pour sa contribution à la poésie et à la culture chinoise, il a été décoré par le Ministère de l'Education de la République de Chine en 1994. A présent, il est secrétaire géneral de l'Association de la Poésie Chinoise et directeur associé de Chien Kun Poetry Quarterly et membre du conseil de publication du magazine Yuan Yuan.

附錄

APPENDIX

A STUDY OF THE TANG POETRY

by Stephen Shihtze Hsu

What is poetry?

A good definition would be : an arrangement of words that aims at achieving an imaginative awareness of an experience by creating a specific emotional response. Its words aim not only at meanings and ideas, but also at sounds and rhythms. Occasionally, it also creates colorful images.

While being sick or having troubles, some people like to take with them a copy of poems to read and recite, so that they can feel calm and relaxed. Reading or humming a stanza is a kind of recreation. One of the most effective means of elevating one's mind is the reading Tang poetry.

Poetry is lyrical, and as such, it has a direct appeal to emotion. Since it is rhythmical, it has direct appeal to feeling, and music.

For this reason when we read a stanza of poetry, it is natural and easy for us to calm down and relax. There is an old saying that poetry can cultivate a human being's

disposition. The famous dictum is certified to be true because of the poet's gentleness, sincerity and honesty. A poet needs to control his own emotions, for only while he is in a calm mood, can he think of how to make comprehensive and proper verses. Only poems made by a poet at such a time can be appreciated by people. A poet has a sentiment, he gives much thought to the feelings of other people, and so when we recite his poem, we feel that it is a beautiful work of literature.

The Tang Dynasty was a poetic time, because officials were selected on the basis of an examination in poetry. Poetry was not only used as a method of examination, but also as a song.

Therefore, at that time many great poets appeared, and different poetic styles were developed. The Chinese are never tired of Tang poetry, of which the most famous verses are as familiar in Asia as Shakespeare's in the English-speaking world. The poetry of the Tang Dynasty (A.D. 618-907) consisting of 48,900 poems (3.3 million Chinese characters) by 2,200 poets, can provide a wealth to Chinese culture.

Tang poets were particularly fond of writing about the moon, the wind, the clouds and mountains, as each of those Chinese characters appears for more than 12,000 times in their poems.

The character for wine appears only 5,762 times, even though drinking was a favorite topic and evocation of " Fairy " Poet Li Pai (A.D. 702-762). He was perhaps the greatest poet of that era. He wrote : " 0, what infinite charms I find in wine!"

The Sage Poet Tu Fu (A.D. 712-770) wrote in " My Trip from the Capital to Fengyi Hsiang " : " Inside the vermilion gate wine and meat are stinking; On the roadside lie the bones of people frozen to death" .

Everyone should read the selection of these poems. One of the best and the most famous selection of poems is that of three hundred pieces of Tang poetry which have proven peerless throughout the ages. In fact, this selection of poems consists of 310 poems selected from 77 poets.

Therefore, the selection of poems is reduced to 310 pieces of Tang poems. These poems are generally recognized as the best. Until now it was very common for people to learn, study and imitate Tang poems. There are a few foreign language translations of Tang poems. The poems not only can be hummed and appreciated, but can also cultivate the character. There is an old saying that having well read 300 pieces of Tang poetry, a man who could not hum formerly, can hum now. This means that to read Tang poetry well is really to recite the poems with appreciation.

There are six types of Tang poems : the classical poems

of five characters in a line, the classical poems of seven characters in a line, a quatrain with five characters in each line, ottava rima with five characters in each line, a quatrain with seven characters in each line and ottava rima with seven characters in each line. They are classified according to the number of characters, rhythm (tone) and verbal parallelism. The rhythm of a poem is regular and based on the tones of the words. The four (or five) tones of words are : level tone, high-level tone, rising tone, falling-rising tone and falling tone. The former two are called " level" tones and the latter "oblique" tones. In addition, there is an entering tone emerged from an oblique tone. One who doesn't understand level tones and oblique tones can observe the repetition of the symmetry of a poem. The ottava rima with five or seven characters each is composed of two groups of rhythm which are repeated and uniform.

When we read silently a poem of chant level and oblique tones, we will naturally feel that it is read smoothly, pleasing to the ears. One can enjoy the change of tones just like a man, listening to Chinese opera, can distinguish good and bad singing although he doesn't understand the rest of the opera.

Allusion and ambiguity are pervasive features in Chinese poetry and their strength is derived from the effective use of metaphor. Metaphor is generally rooted in the

commonplace and is universal in its comprehensibility. The primary function of metaphor and allusion is to heighten the emotional tenor of a poem. To do so, metaphors must be concise and pithy. While novelty is important, this should not be at the expense of coherence. Historical allusions are among the most common in the Chinese tradition.

Brevity and succinct expression lie at the heart of poetry, far more so than in prose. Four-line verses in particular must achieve verbal economy without compromising a natural feeling.

Seven-character quatrains are generally composed for singing. They must be concise and pithy, yet easily understood. The arts of music and painting were highly advanced in the Tang and their interrelationship with poetry was a key factor in the development of all three arts.

The reader of Tang poetry must identify with the Tang literary aesthetic and view its poetry in that context. But in addition, the works should serve to enlighten us, in any circumstance, much as do the reading of philosophy or history. By applying leisure time to recitation of the classics, one can rectify one's character and ennoble one's thoughts.

I believe that poetry must be accessible to all people, in all places and all walks of life. I am a physician residing in the Republic of China. I compose poetry in common and

modern terms, without recourse to the archaic or the obscurantist. Others may still write in the style of the ancients, employing clever allusions and historical references. My works, however, represent a more modern aesthetic which, I hope, future generations will respect as appropriate to our modern circumstances and tastes.

Now I introduce the following pieces of poems I wrote in four different styles :

1. Wuu jyuer（五絕）：quatrain in five characters in each line. A poem in four lines, five-characters each. Such as : “Deep Affection” .
2. Chi jyuer（七絕）：quatrain in seven characters in each line. A poem in four lines, seven-characters each. Such as : “Welcome-rain in Tucson” 。
3. Wuu lyuh（五律）：Ottava rima in five characters in each line. A prescribed verse, eight lines, five characters each. Such as : “ Environmental Pollution” 。
4. Chi lyuh（七律）：Ottava rima in seven characters in each line. A prescribed verse, eight lines, seven characters each. Such as : “Regimen” .

Note :

1. Level＝Even＝Ping（平）
2. Oblique＝Ze（仄）

Taipei, May 20,1993 Hsu Shih-Tze D.D.S.,M.P.H.

POETS - POETRY

HSU SHIHTZE (STEPHEN HSU) - *CHINA*

Hsu Shih-tze (Stephen Hsu) D.D.S., M.P.H. was born in China, in 1929. Graduated at the National Defence Medical Center in Taiwan and continued his medical research in USA, Australia and New Zeeland. He attended 10 sessions of the WCP and traveled over more than sixty countries around the world. His medical career includes department chief, secretary general, hospital director etc. In addition, he edited the Veterans Hospital Monthly and his writings appeared in various newspapers and magazines. He has published 4 books: Regimen, Selected Poems in 5 languages, Embracing the Globe and Emerald in Poetry. For his contribution in poetry, he has been cited by the Ministry of Education, Currently, he is secretary general of the Chinese Poets Association, deputy director of Chien Kun Poetry Quaterly, and member of the editorial board of Yuan Yuan magazine.

EARTHQUAKE

A tremor rocks the town, and houses fall.
In dark streets, out rush people.one and all.
Mothers weep; fathers take loved ones from bed;
Brothers help move the wounded and the dead.

Etrapped, the tearful victims moan in pain;
With all things lost, they hope for help in vain.
Alas!the earthquake strikes with little warning.
Causing unmitigated grief and mourning.

TYPHOON

Dreadfully strong winds sweep the sky covered with dark clouds
Storms are ruthless, leaving ruins and corpses in their cours.
Trees are bare of branches and leaves fallen in desolation.
Torrents can be seen renning from all sides.
Sudden power failure darkens sky and earth.
Everyone finds the flood coming and the door.
Long time in a strange land, makes one feel the home country far away.
Grief for moving about like duckweed in anarchy is endless.

Translated by Imre P.Zsoldos

思邈詩草

Anthology of Poems of a Physician

Anthologie de poèmes d'un médecin

徐 世 澤 著

DR. HSU SHIH-TZE

(Stephen Shihtze Hsu)

文史哲出版社印行

The Liberal Arts Press

JANUARY, 2003